上から編むニット、横から編むニット　風工房

文化出版局

上から編むニット

A　リボン模様のカーディガン　P.4・44

B　カシミヤヤクのジャケット　P.6・48

C　編込み模様の丸ヨークセーター　P.8・40

D　Vネックのカシミヤセーター　P.10・52

E　ミントブルーのセーター　P.12・56

F　ツイードのアランセーター　P.14・60

G　半円形のショール　P.16・66

H　ツイードのスカート　P.18・70

I　すべり目模様の3色の靴下　P.20・72

J　カシミヤヤクの帽子　P.21・71

横から編むニット

K　カシミヤの幅広セーター　P.22・74

L　ジグザグ模様のジャケット　P.24・76

M　モヘアのカーディガン　P.26・78

N　カシミヤのイレギュラーヘムのショール　P.28・80

O　アラン模様の丸ヨークセーター　P.30・81

P　ガーター編みのボレロ　P.32・84

Q　変りゴム編みのハンドウォーマー　P.34・88

R　すべり目交差模様のスヌード　P.35・89

編み方レッスン　P.36

編み方　P.40

基礎テクニック　P.90

今回のテーマの"上から編む"、"横から編む"、
共に輪針を使うととても編みやすいです。
最近の輪針はループの部分が柔らかいもの、
ループの長さを替えられるものなど多様になり、
私も輪針を使うことが多くなりました。
輪に編む場合はセーターから靴下まで、往復に編むものも、
ほとんど1本の輪針で編めます。
"上から編むニット"は、丸ヨーク、ラグランが一般的ですが、
肩で増し目をしてセットインスリーブ風に編めるという
パターンを知った時は"考えた人の頭は一体どうなっているの？"と
発想に驚きました。
"上から編むニット"のよい点は、身頃、袖丈など
試着をしながら丈を変えることができるところです。
とじはぎも少なく、糸を切らずに編めることも魅力です。
"横から編むニット"は増減目や引返し編みでシルエットを出すことができました。
技法的には、昔から使われているものがほとんどなのですが、
少し考え方を変えることでデザインの幅が広がる発見がありました。
みなさんにもこの一冊で編むことを楽しんでいただけたらうれしいです。

風工房

上から編むニット

A
リボン模様の
カーディガン

ヨークにすべり目の模様を入れました。よく見る模様も編み地が
上下逆になると、リボンのように見えてかわいいという発見があ
りました。後ろ衿ぐりは引返しで編み、無地のところ、模様のと
ころで増やし、身頃はまっすぐに編んでいます。

［糸］　　　ハマナカ アメリー
［編み方］　44ページ

B
カシミヤヤクの
ジャケット

衿から前立てに流れる模様がポイントです。後ろの衿から模様を左右に編み、そこから拾って前身頃、袖、後ろ身頃をラグラン線で増して裾、袖口まで編みます。上質な糸のふっくらした素材感を生かしてデザインしました。

［糸］　リッチモア カシミヤヤク
［編み方］　48ページ

C
編込み模様の
丸ヨークセーター

衿ぐりのゴム編みを編み、引返し編みで前後差を出します。模様の間で増やしているので少しずつ模様が大きくなりますが、模様数は同じ。ダークネイビーにイエローのライン模様が映えて、化学式にも見えます。

［糸］　　ハマナカ アメリー
［編み方］　40ページ

D
Vネックの
カシミヤセーター

カシミヤの肌触りもよく、華やかなフューシャピンクで、気分もアップするセーター。後ろ衿ぐりで作り目をし、肩から袖山、前衿ぐりを往復編みで増やしていき、Vネックの前中央まで編んだら輪に編みます。

［糸］　　リッチモア カシミヤ
［編み方］　52ページ

E

ミントブルーの
セーター

裾と袖口のケーブル模様を後ろ衿ぐりにテープ状に編み、そこから拾い出して前衿ぐり、ラグラン線で増やしていきます。ラグラン線の増し目をかけ目にしてアイレットを入れ、シンプルなセーターにアクセントをつけました。

［糸］　　リッチモア パーセント
［編み方］56ページ

F
ツイードの
アランセーター

衿ぐりから、ラグラン線で増やしたスクエアネックのアランセーター。後ろ身頃を少し長く編み、前後の丈に差をつけました。衿ぐり、裾、袖口は目数を減らしてガーターを編み、落ち着かせました。

［糸］　　ハマナカ ソノモノツィード
［編み方］　60ページ

G
半円形の
ショール

ガーター編みのテープから拾い出して、模様編みとガーター編みの境目で増し目をしながら半円形を作ります。レース模様に増し目はないので見た目よりかんたんです。棒針編みのピコットがアクセント。

[糸]　　　ハマナカ ソノモノロイヤルアルパカ
[編み方]　66ページ

H
ツイードの
スカート

ウエストから編み始め、前後の交差模様の脇で増やしてAライ
ンを出しました。しっかりとしたツイードの糸はアルパカ混で暖
かく、スカートに最適。編みながら丈が調整できるのは、上から
編むニットのよいところ。

［糸］　　ハマナカ アランツイード
［編み方］70ページ

I
すべり目模様の
3色の靴下

ライトグレー、ネイビー、オレンジの3色で、つま先に向かって編みます。3色のすべり目模様は、伸縮性もあり、靴下にぴったりです。かかとには別糸を入れてあとで拾って減らしながら形を作ります。

［糸］　　ハマナカ コロポックル
［編み方］　72ページ

J
カシミヤヤクの
帽子

カシミヤとヤクの混紡糸は、帽子にしてもとても気持ちよい。トップから模様を作りながら増やして、頭回りの模様のあとゴム編みにします。リブは折り返しても、シングルでも好みの丈に調整できます。

[糸]　リッチモア カシミヤヤク
[編み方]　71ページ

横から編むニット

K
カシミヤの
幅広セーター

きれいなブルーのカシミヤの糸で編んだ身幅の広いセーター。前後身頃を続けて脇で作り目し、肩下りと衿あきを作りながら、もう一方の脇まで編みました。裾のリブ丈は後ろを長くしました。袖は身頃から編み下げるので好みの袖丈に。

［糸］　　　リッチモア カシミヤ
［編み方］　74ページ

L
ジグザグ模様の
ジャケット

脇から中央に向かってジグザグの交差を入れ、増減なくまっすぐ編んで後中央をはいでいます。前端は後ろ衿ぐりを通ってアイコードで反対まで編みます。リリヤーン状の糸は、ふくらみがあり幅広でも重さを感じません。

［糸］　　ハマナカ ソノモノアルパカリリー
［編み方］　76ページ

M
モヘアの
カーディガン

肌触りのよいキッドモヘアの3本どりで軽い仕上りに。横にガーターを編み、裾側をアイコードで整えて、続けて前側、衿ぐりを拾ってシェル模様を編みました。袖口は少し細めのシルエットにしました。

[糸]　リッチモア エクセレントモヘア〈カウント10〉
[編み方]　78ページ

N
カシミヤの
イレギュラーヘムの
ショール

6目の作り目をして、左辺は増し目、右辺は減し目をすることで三角形になるショールです。規則的に片側で伏止めにしたエッジもかわいい。ポイントに入れたライトグレーのストライプが、赤をいっそう引き立てています。

［糸］　　リッチモア カシミヤ
［編み方］　80ページ

O
アラン模様の
丸ヨークセーター

丸ヨークにアラン模様を横向きに配置しました。それぞれの模様が始めと終りでつながるように考えています。チェーンの模様が肩回りのポイントになり、生命の木も横になるとヘリンボーンに見えておもしろい。

［糸］　　ハマナカ ソノモノアルパカウール《並太》
［編み方］　81ページ

P
ガーター編みの
ボレロ

引返しの編み方はいろいろあり、ガーター編みの場合はラップアンドターンがかんたんできれいに編めます。編み残す引返しと編み進む引返しを繰り返すことで、ヨーク、身頃の広がりもきれいに。縁編みはアイコードで整えます。

［糸］　　ハマナカ アメリー
［編み方］　84ページ

Q
変りゴム編みの
ハンドウォーマー

2色の糸を使い、引上げ編みで変りゴム編みにしました。編始め
と編終りをはいで、残した指の穴を拾って親指を単色で編みます。
2色のイギリスゴム編みで編むよりも、はるかにかんたんに編め
ます。

［糸］　　リッチモア スペクトルモデム
［編み方］　88ページ

R
すべり目交差模様の
スヌード

並太の2色ですべり目と交差模様を編みました。2段ごとに糸を替えるので、裏側は表と全く表情が違うストライプになります。糸を替えるとき、規則的になるように気をつけると、エッジに模様を入れたようで美しい仕上りになります。

［糸］　　リッチモア スペクトルモデム
［編み方］　89ページ

編み方レッスン
［輪針を使った編み方］

マジックループ

＊1本の輪針で小さな輪編みも編めるテクニックです。80cm以上の長い輪針を使います。コード部分がやわらかいものが編みやすいでしょう。

1 作り目をし、作り目の中央から輪針のコードを引き出し2本の針に目を分ける。矢印の方向に針を引き抜く。

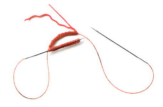

2 針の両側にコードが出た状態。

3 編み目がねじれないように、表を見ながら1で引き抜いた針で作り目の1目めを編む。

4 1目めが編めて輪になった。目と目の間がゆるまないように続けて編み進む。

5 針にかかった目が編めた。

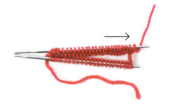

6 針の向きを持ちかえ、これから編む目を針先に移し、矢印のように引き抜いて、編んだ目をコードに移す。

7 針にかかった目を編み進む。

8 同じ要領でこれから編む目を針先に移動させ、編んだ目はコードに移す。

9 小さな輪編みも同じ要領で編む（写真は13目の輪）。

輪針で往復に編む

＊2本棒針で編むときと同じ要領で1段めが編めたら裏返し、次の段を編みます。

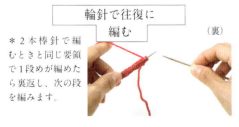

1 作り目ができたら裏返して持ち、裏を見ながら編始め側に向かって編む。

2 輪針のコードはこのように輪になる。

3 同じ要領で編み地を持ちかえながら編む。

［編み方の
ポイントいろいろ］

E ミントブルーのセーター
p.12 / 56

＊テープ状に編んだ後ろ衿の3辺から目を拾い出し、ラグラン線で増し目をしながら編み進みます。

1　後ろ衿から続けて1段めを表目で編む。

2　続けて段から、1目めと2目めの間に針を入れて均等に目を拾いながら編む。目安は3目拾い1段飛ばし、3目拾うことを繰り返す。

3　段から続けて作り目側からも目を拾って編み進む。

4　1段めが編めたら編み地を裏返し、2段めを裏目で編む。

5　3段め。2目表目を編み、渡り糸をすくって左の針にかけ、左上ねじり目で増す。

6　左上ねじり目で1目増したところ。1段下の目がねじれる。

7　2目表目を編み、渡り糸をすくって左の針にかけ、右上ねじり目で増す。

8　右上ねじり目で1目増したところ。1段下の目がねじれる。

9　目を増しながら18段めまで往復に編む。
＊後ろ衿の段数は変えて解説しています。

10　19段めからは増し目をしながら輪に編み進む。

37

G
半円形のショール
p.16 / 66

ピコットの編み方

*かぎ針を使わずに、棒針で編むピコットの編み方を解説します。

1 4目伏せ目を編む。

2 左の針に目を移す。

3 移した目と左隣りの目の間に針を入れて糸をかけて引き出す。

4 引き出したところ。

5 引き出した目を左の針に移し、矢印のように目と目の間に針を入れる。

6 針に糸をかけて引き出す。

7 引き出したところ。

8 引き出した目を左の針に移す。

9 左の針の1目めを表目で編む。

10 次の目も表目で編む。

11 矢印のように編んだ目にかぶせる。

12 左の針に1目残る。

13 同じ要領で、表目を編み、矢印のようにかぶせる。

14 ピコットが編めた。

15 続けて4目伏せ目を編む。

16 2〜15を繰り返す。

P ガーター編みのボレロ
p.32 / 84

*ラップアンドターンを使った引返しの編み方を解説します。編み残すラップアンドターンと編み進むラップアンドターンの2種類ありますが、テクニックは同じです。
*アイコードを編むときは短針（玉なし）を使うと目を移さずに編み進むことができます。
*わかりやすいように糸の色を替えて解説しています。

ラップアンドターンの編み方（裏）

1 編み残すラップアンドターンを編む。7目残して編み、裏返す。

2 糸を休め、左の針に1目を移す。

3 休めておいた糸で移した目を巻くように針の向う側に渡す。

4 2で移した目を右の針に戻す。

5 表目で編み進む。

6 同じ要領で指定の目数を残しながら1〜5を繰り返す。

★=編み残すラップアンドターン
☆=編み進むラップアンドターン

平らな段

7 編み進むラップアンドターンを編むときも2〜5を繰り返して同じ要領で編む。

アイコードの編み方（表）

短針

1 編終りの糸で続けて巻き目で3目作る。このとき右の針は短4本針で編む。

2 巻き目の2目を表目で編み、3目めは編まずに右の針に移す。

3 本体の端の目を表目で編み、2で移した目をかぶせて針からはずす。

4 右上2目一度が編めた。3目を矢印のように針の右端にスライドさせる。

5 もう1本の針で2〜4を繰り返す。

6 段から拾うときは2目を表目で編み、3目めを右の針に移し、端の半目内側に針を入れて右上2目一度に編む。

7 段からは1段おきに拾う。

8 アイコードが編めたところ。

C
編込み模様の丸ヨークセーター
写真 P.8・9

[糸] ハマナカ アメリー
ダークネイビー（53）
M/350g　L/425g
レモンイエロー（25）
M/8g　L/10g
グレイッシュイエロー（1）
M/8g　L/10g

[針] 6号、4号輪針（80cm）
3/0号かぎ針

[ゲージ] メリヤス編み・
メリヤス編みの編込み模様
21目28段が10cm四方

[サイズ] M/胸囲97cm　着丈58cm
ゆき丈（衿ぐりを除く）60cm
L/胸囲108cm　着丈61cm
ゆき丈（衿ぐりを除く）63cm

[編み方]
糸は1本どりで、指定以外はダークネイビーで編みます。
衿ぐりは、指に糸をかけて目を作る方法で作り目して輪にし、4号針で2目ゴム編みを編みます。6号針に替え、ヨークをメリヤス編みで引返し編みをし、メリヤス編み、メリヤス編みの編込み模様Aで図のように増しながら編みます。糸を続けて、身頃はヨークからの拾い目と巻き目の作り目をして輪にし、メリヤス編み（脇の1目は裏目）、メリヤス編みの編込み模様Bを編み、4号針に替えて2目ゴム編みで編み、編終りは前段と同じ記号で伏止めにします。袖は身頃の作り目とヨークの休み目から拾い目して輪にし、6号針でメリヤス編み（袖下の1目は裏目）、メリヤス編みの編込み模様Bを編み、4号針に替えて2目ゴム編みを編みます。

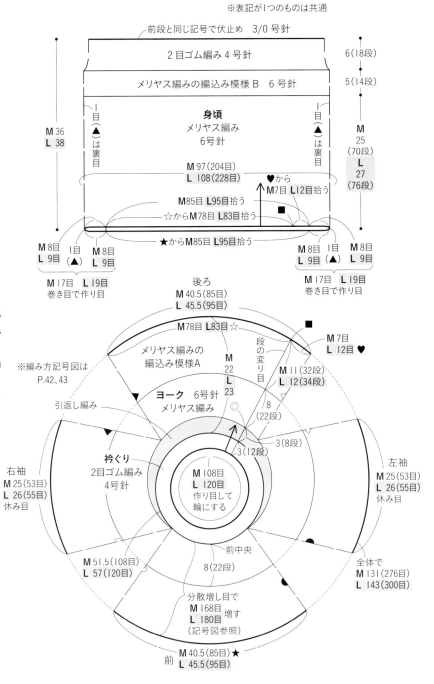

40

身頃の編み方

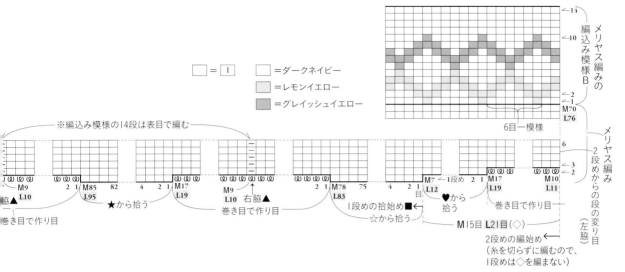

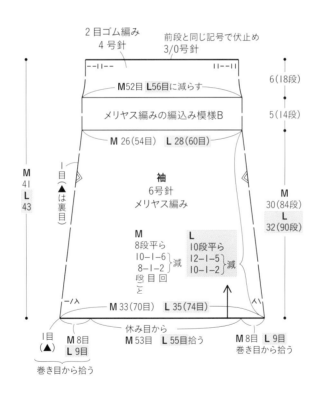

Mサイズのヨークの編み方

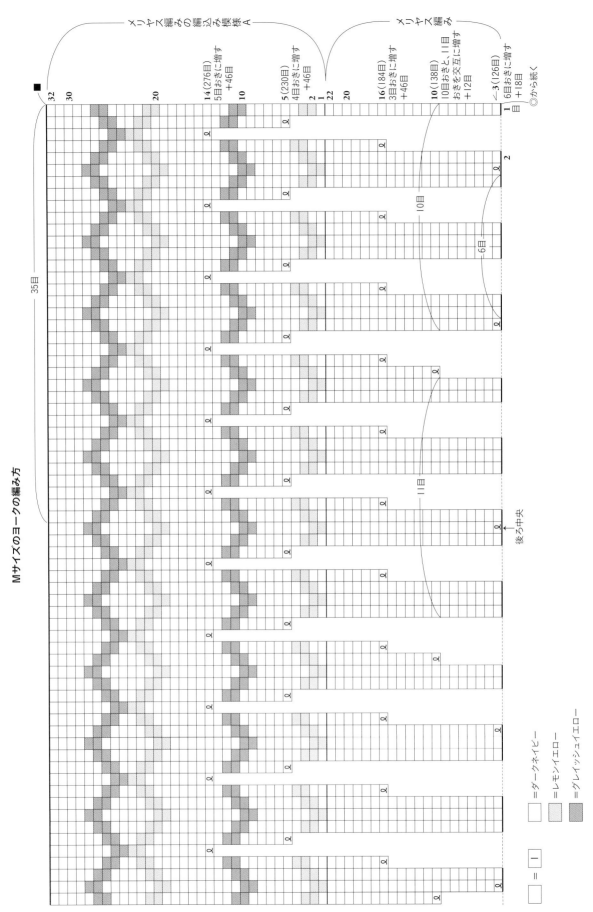

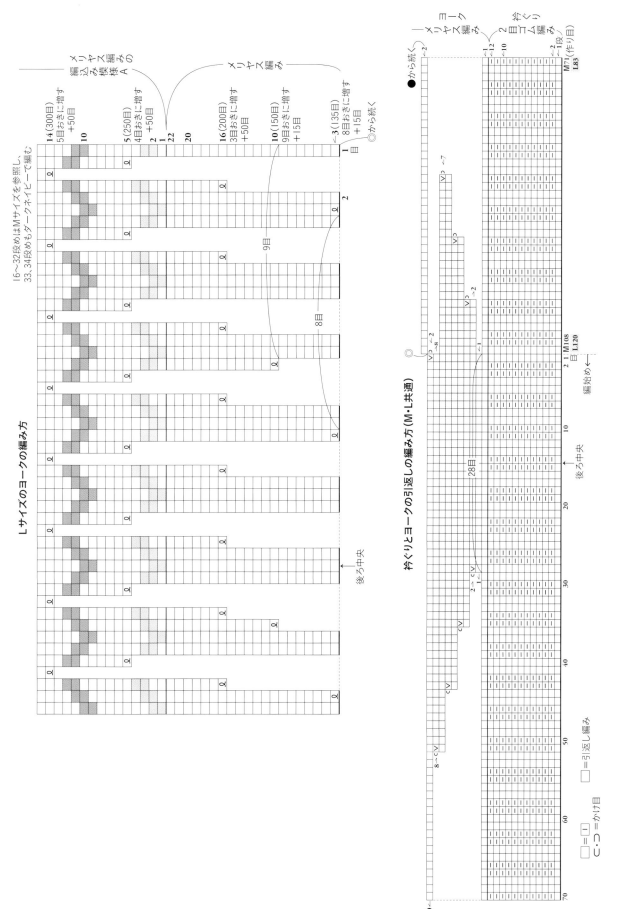

A
リボン模様のカーディガン
写真…P.4・5

[糸] ハマナカ アメリー
ナチュラルブラック（24）M/300g　L/360g
ナチュラルホワイト（20）M/20g　L/25g

[針] 6号、5号輪針（80cm）
4/0号かぎ針

[その他] 直径1.5cmのボタン 8個

[ゲージ] メリヤス編み　21目 28段が10cm四方
模様編み
21目が10cm、34段が9.5cm

[サイズ] M/胸囲101.5cm　着丈53.5cm
ゆき丈（衿ぐりを除く）51cm
L/胸囲109.5cm　着丈56.5cm
ゆき丈（衿ぐりを除く）54.5cm

[編み方]
糸は1本どりで、指定以外はナチュラルブラックで編みます。
ヨークは別糸を使って目を作る方法で作り目し、図のようにメリヤス編みで引返し編みをし、メリヤス編み、模様編みで全体で目を増しながら編みます。前後身頃はヨークから拾い目と巻き目の作り目をし、メリヤス編み（脇の1目は裏目）、ガーター編みで増減なく編み、編終りは裏を見ながら表目で伏止めにします。袖は身頃の作り目とヨークの休み目から拾い目して輪にし、メリヤス編み（袖下1目は裏目）、ガーター編みで編みます。衿ぐりは作り目をほどいて拾い目し、ガーター編みを編みます。前立ても拾い目してガーター編みを編みますが、右前立てはボタン穴をあけながら編みます。ボタンをつけます。

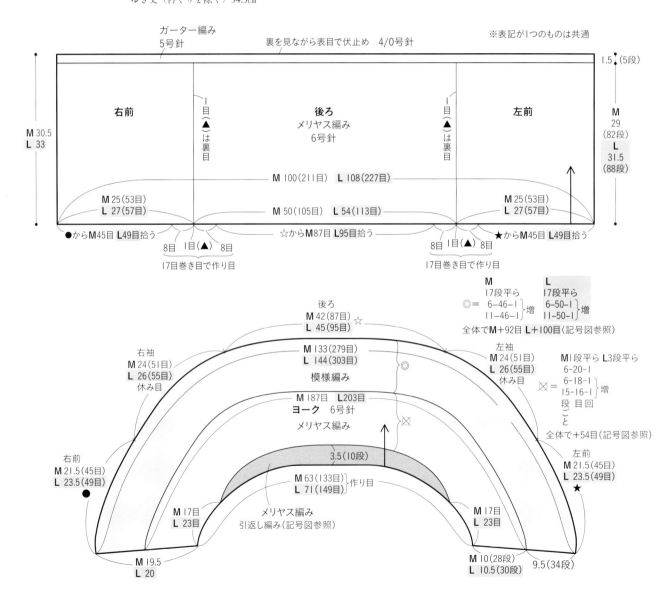

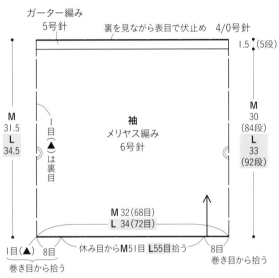

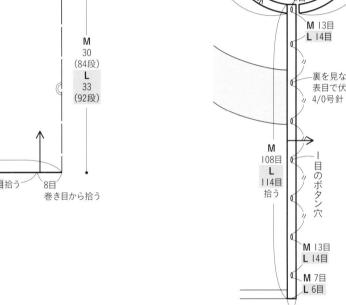

ガーター編みの記号図

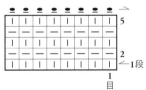

右前立てのボタン穴の編み方

※左前立てはボタン穴を作らずにガーター編みを編む

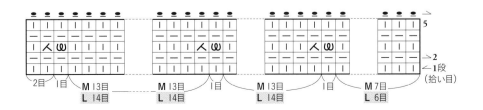

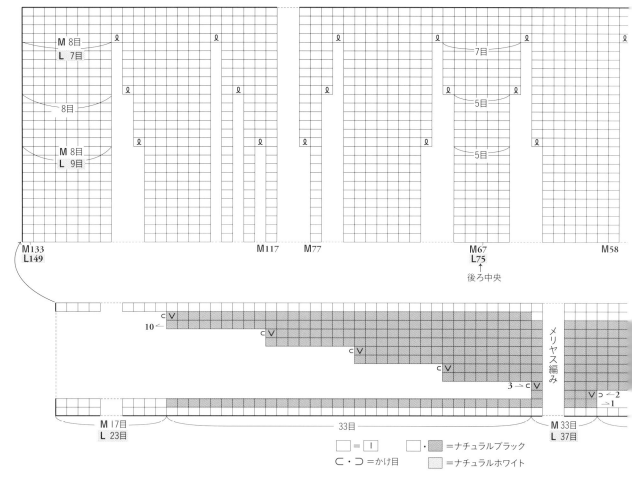

ヨークの編み方

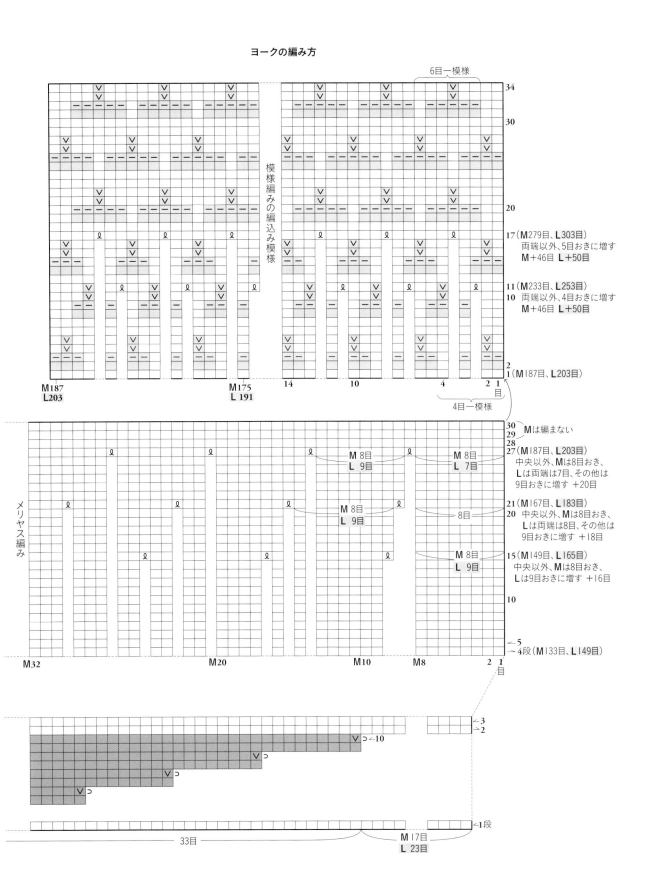

B
カシミヤヤクのジャケット

写真/P.6・7

[編み方]
糸は1本どりで編みます。
右後ろ衿は指に糸をかけて目を作る方法で21目を作り目し、2段めで28目に増し目をして模様編みを往復に36段編み、目を休めます。左後ろ衿は作り目から拾い目し、同様に模様編みを編みます。ヨークは糸を続けて3辺から拾い目し、図のように目を増しながら模様編み、メリヤス編みでM46段、L52段を編みます。前後身頃はヨークからの拾い目と巻き目の作り目をし、模様編み、メリヤス編み（脇の1目は裏目）、2目ゴム編みで編み、編終りは前段と同じ記号で伏止めにします。袖は身頃の作り目とヨークの休み目から拾い目して輪にし、メリヤス編み、2目ゴム編みを編みます。

[糸] リッチモア カシミヤヤク
ベージュ（2）M/450g L/535g
[針] 11号輪針（80cm）
10/0号かぎ針　縄編み針
[ゲージ] 模様編み　23目24段が10cm四方
メリヤス編み　16.5目24段が10cm四方
[サイズ] M/後ろ幅50cm　着丈79.5cm　ゆき丈79.5cm
L/後ろ幅57cm　着丈84cm　ゆき丈83.5cm

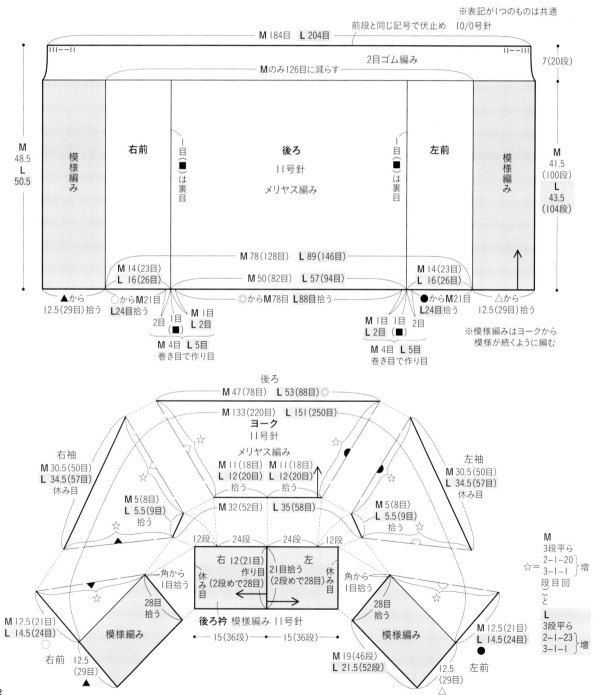

右後ろ衿の編み方

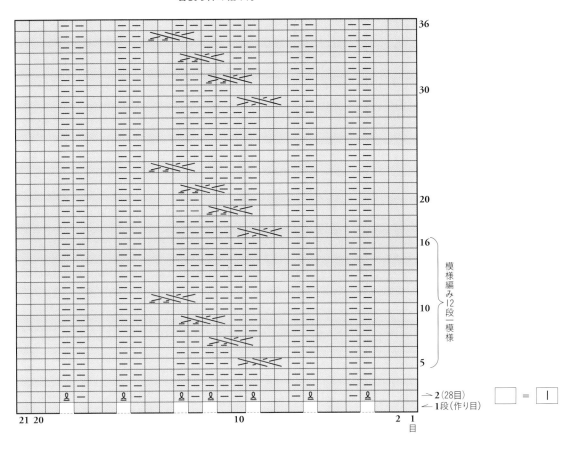

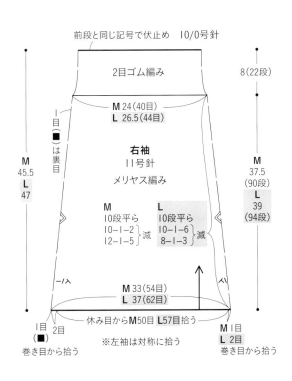

左後ろ衿とMサイズのヨークの編み方

※Lサイズは同じ要領で編む

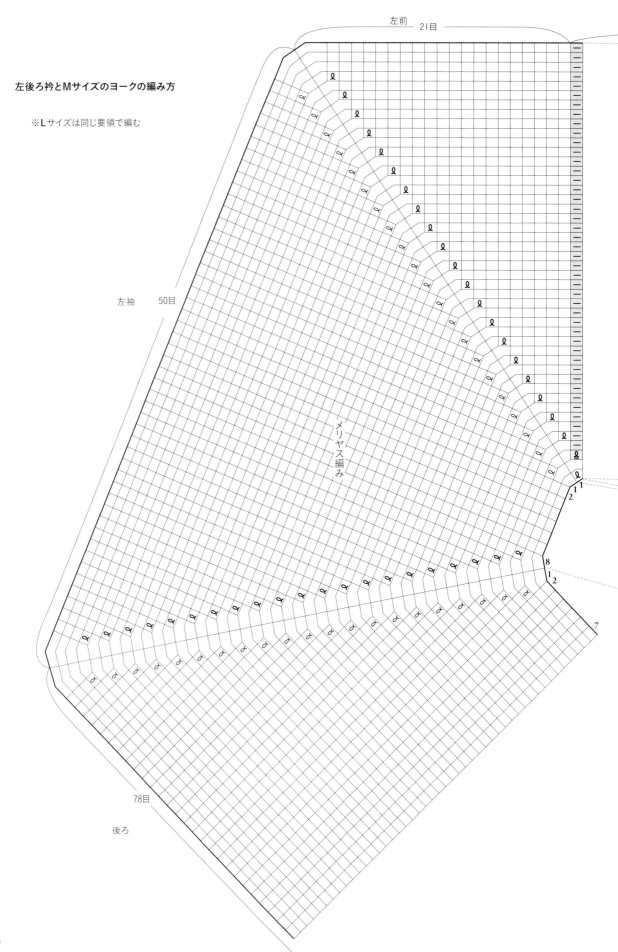

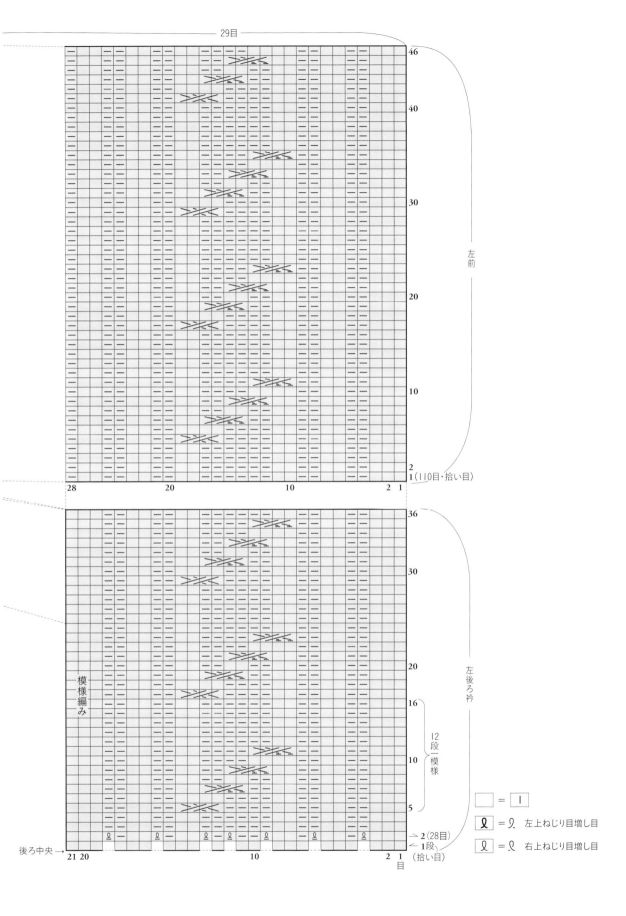

D
Vネックのカシミヤセーター

写真／P.10・11

[糸] リッチモア カシミヤ
　　　フューシャピンク（123）
　　　M/235g　L/275g
[針] 4号、3号輪針（80cm）
　　　2/0号かぎ針
[ゲージ] メリヤス編み 24目35段が10cm四方
[サイズ] M/胸囲93cm 着丈62cm
　　　　　　ゆき丈74.5cm
　　　　　L/胸囲101cm 着丈64.5cm
　　　　　　ゆき丈79.5cm

[編み方]
糸は1本どりで編みます。
左肩から指に糸をかけて目を作る方法で作り目し、4号針で図のように目を増しながらメリヤス編みで前衿ぐりのM66段、L70段までを往復に編み、糸を切ります。指定の位置に糸をつけて目を増しながら輪に編みます。糸を続けて、身頃は後ろ、前の拾い目と巻き目の作り目をして輪にし、メリヤス編み（脇の1目は裏目）を編み、3号針に替えて2目ゴム編みで編み、編終りは前段と同じ記号で伏止めにします。袖は身頃の作り目と肩の休み目から拾い目して輪にし、メリヤス編み、2目ゴム編みで編みます。衿ぐりから拾い目して輪にし、ガーター編みを編み、編終りは裏を見ながら表目で伏止めにします。

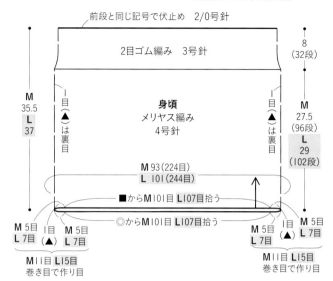
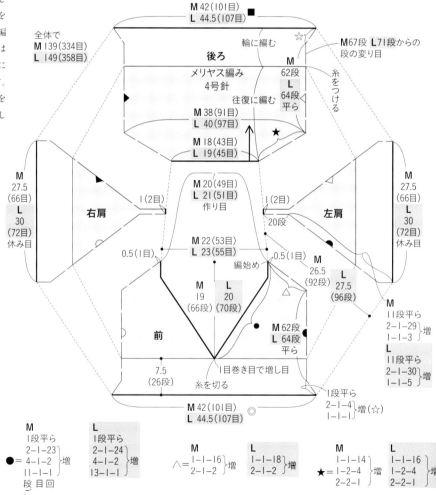

Mサイズの身頃の編み方

※Lサイズは同じ要領で編む

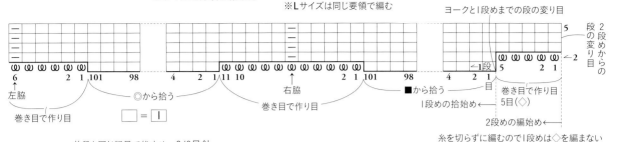

袖

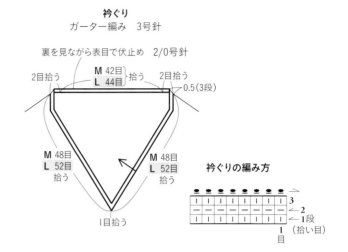

衿ぐり
ガーター編み　3号針

編始めと肩の増し方

1　指に糸をかけて目を作る方法で作り目し、2段め(裏)で右前の1目を裏目で編み、作り目の渡り糸をすくって右上ねじり目の裏目で増す。

2　右上ねじり目の裏目で1目増したところ。

3　右肩の2目を裏目で編み、渡り糸をすくって左上ねじり目の裏目で増す。

4　左上ねじり目の裏目で1目増したところ。

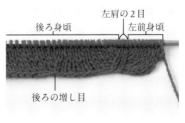

5　同じ要領で肩の2目の両側と後ろの指定の位置で増し目をする。

6　肩の2目の両側で右側は左上ねじり目、左側は右上ねじり目で目が増えたところ。

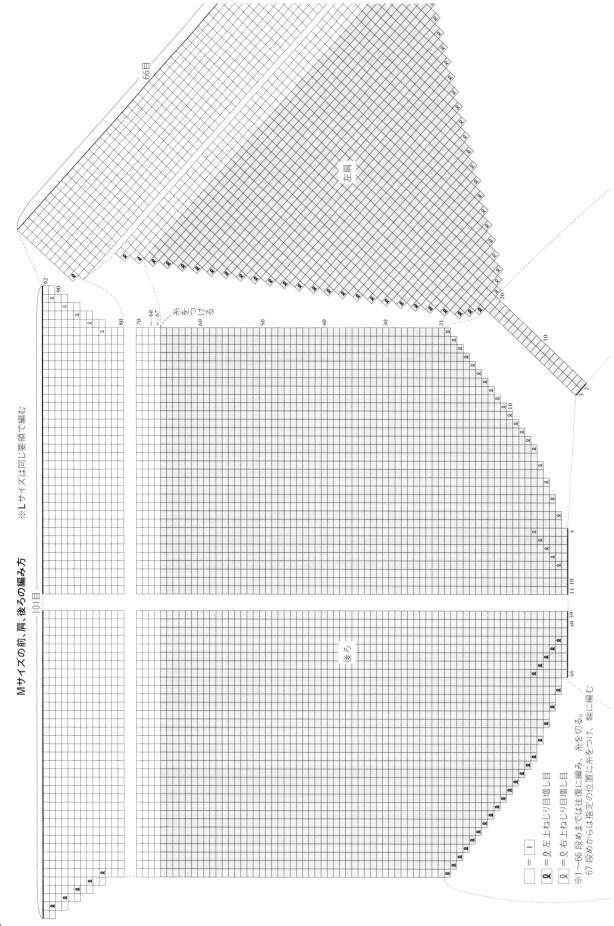

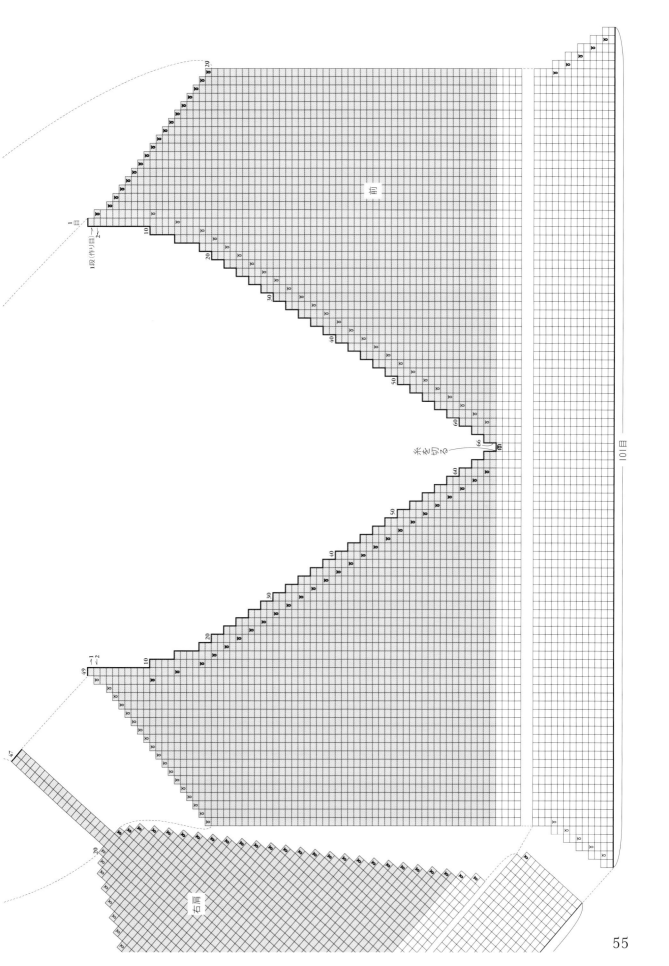

E
ミントブルーのセーター
写真　P.12・13

[糸]　リッチモア パーセント
　　　ミントブルー（22）
　　　M/340g　L/410g
[針]　5号、4号輪針（80cm）
　　　3/0号かぎ針
[ゲージ]　模様編み　29目30段が10cm四方
　　　　メリヤス編み　23目30段が10cm
　　　　四方
[サイズ]　M/胸囲95cm　着丈61cm
　　　　　　　ゆき丈73.5cm
　　　　　L/胸囲105cm　着丈65cm
　　　　　　　ゆき丈78.5cm

[編み方]
糸は1本どりで編みます。
後ろ衿は指に糸をかけて目を作る方法で作り目し、4号針で模様編みAを往復に編みます。5号針に替え、3辺から拾い目し、図のように目を増しながらメリヤス編みで18段を往復に編み、糸を切ります（P.37参照）。指定の位置に糸をつけて目を増しながら輪に編みます。糸を続けて身頃は後ろ、前の拾い目と巻き目の作り目をして輪にし、メリヤス編み（脇の1目は裏目）を編み、4号針に替えて模様編みBで編み、編終りは前段と同じ記号で伏止めにします。袖は身頃の作り目と肩の休み目から拾い目して輪にし、メリヤス編み、模様編みBで針を替えながら編み、編終りは前段と同じ記号で伏止めにします。衿ぐりから拾い目して輪にし、ガーター編みを編み、編終りは裏を見ながら表目で伏止めにします。

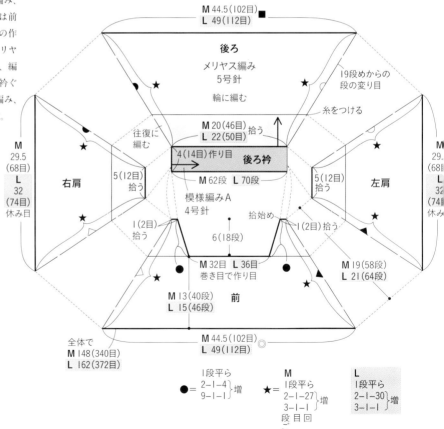

後ろ衿の編み方

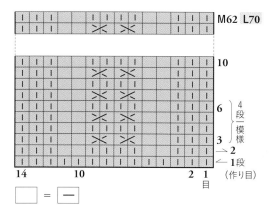

模様編みBの記号図

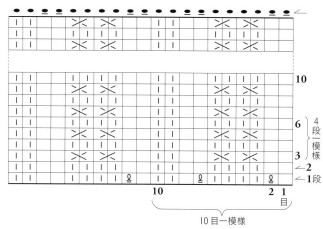

※1段めは指定の目数に
増し目しながら編む

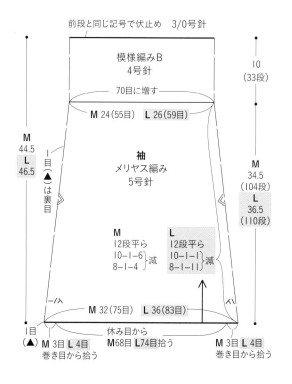

衿ぐり

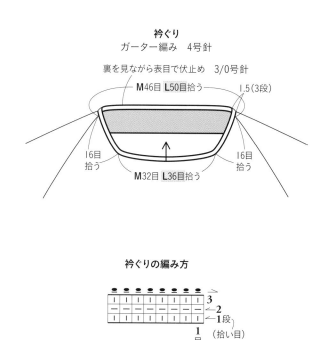

衿ぐりの編み方

前、肩、後ろの編み方

※P.37参照

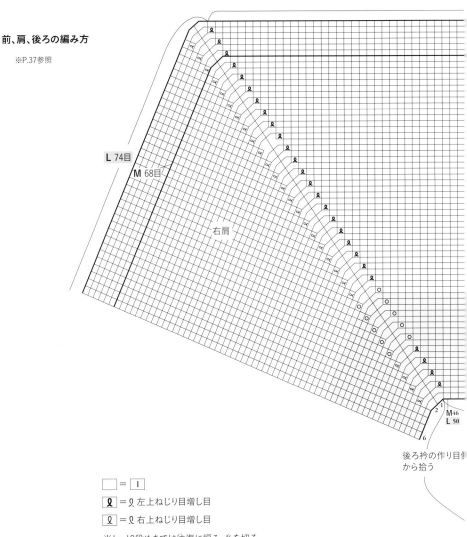

□ = |

ℚ = 左上ねじり目増し目

ℚ = 右上ねじり目増し目

※1〜18段めまでは往復に編み、糸を切る。
19段めからは指定の位置に糸をつけ、輪に編む

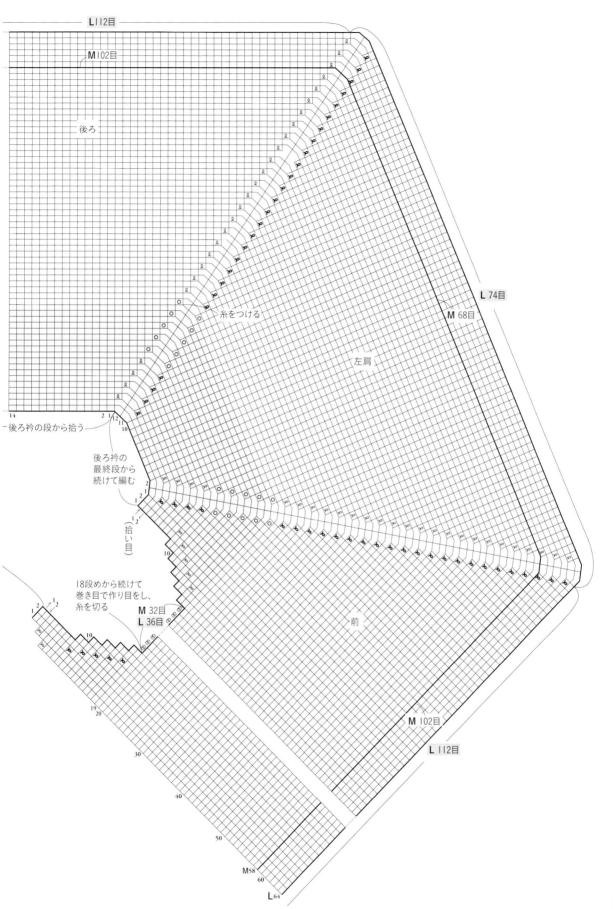

F
ツイードのアランセーター
写真／P.14・15

[糸] ハマナカ ソノモノツイード
こげ茶（73） M/400g　L/495g
[針] 5号、3号輪針（80cm）
3/0号かぎ針　縄編み針
[ゲージ] 模様編み　29目30段が10cm四方
メリヤス編み　23目30段が10cm四方
[サイズ] M/胸囲94cm　着丈53.5cm　ゆき丈68cm
L/胸囲102cm　着丈56cm　ゆき丈71cm

[編み方]
糸は1本どりで編みます。
ヨークは別糸を使って目を作る方法で作り目して輪にし、5号針で図のように目を増しながら模様編み、メリヤス編みで62段を編みます。糸を続けて、後ろ身頃はヨークから拾い目し、12段を往復編みにし、巻き目の作り目、ヨークからの拾い目で輪にし、前後続けてメリヤス編み（脇の1目は裏目）と模様編みを編み、3号針に替えてガーター編みを編み、編終りは裏を見ながら表目で伏止めにします。袖は5号針で身頃の指定の位置とヨークの休み目から拾い目して輪にし、メリヤス編み、模様編みで編み、3号針に替えてガーター編みを編みます。衿ぐりは作り目をほどいて拾い目して輪にし、ガーター編みを編み、裏を見ながら表目で伏止めにします。

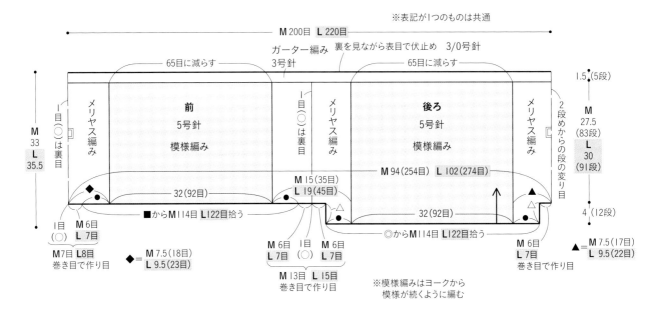

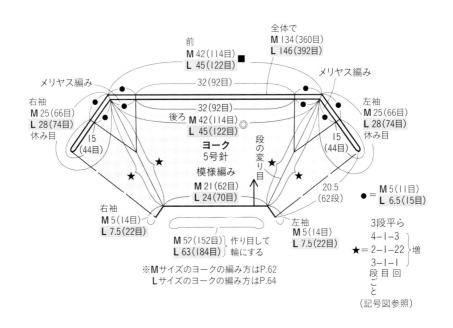

60

Mサイズの身頃の編み方

※Lサイズは同じ要領で編む

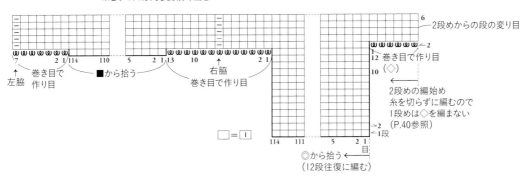

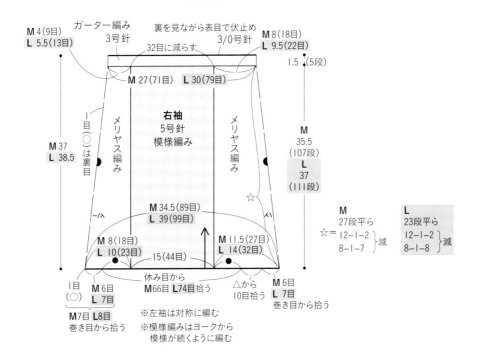

※左袖は対称に編む
※模様編みはヨークから模様が続くように編む

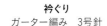

衿ぐり
ガーター編み　3号針

ガーター編みの記号図

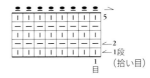

※1段めは指定の目数に減目しながら編む

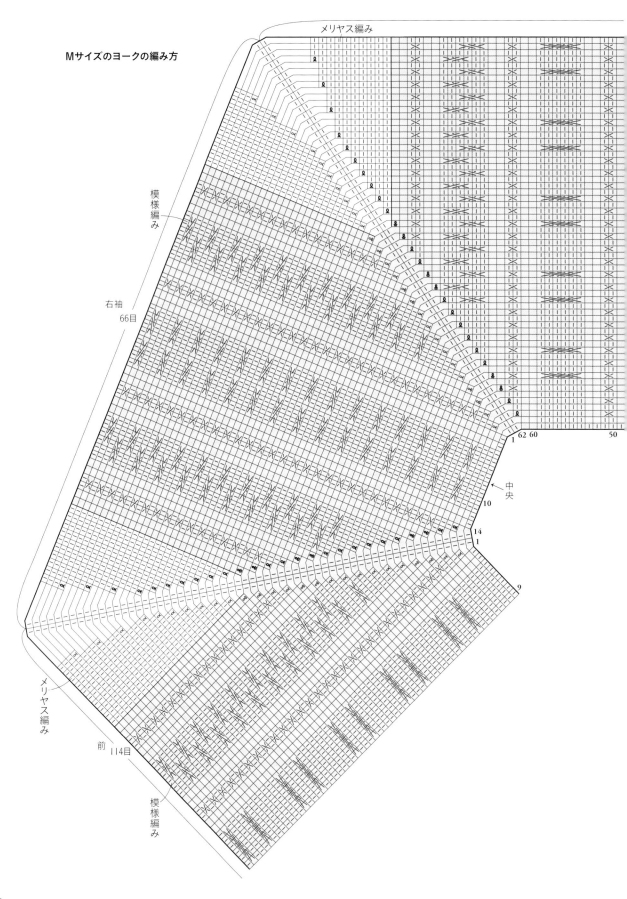

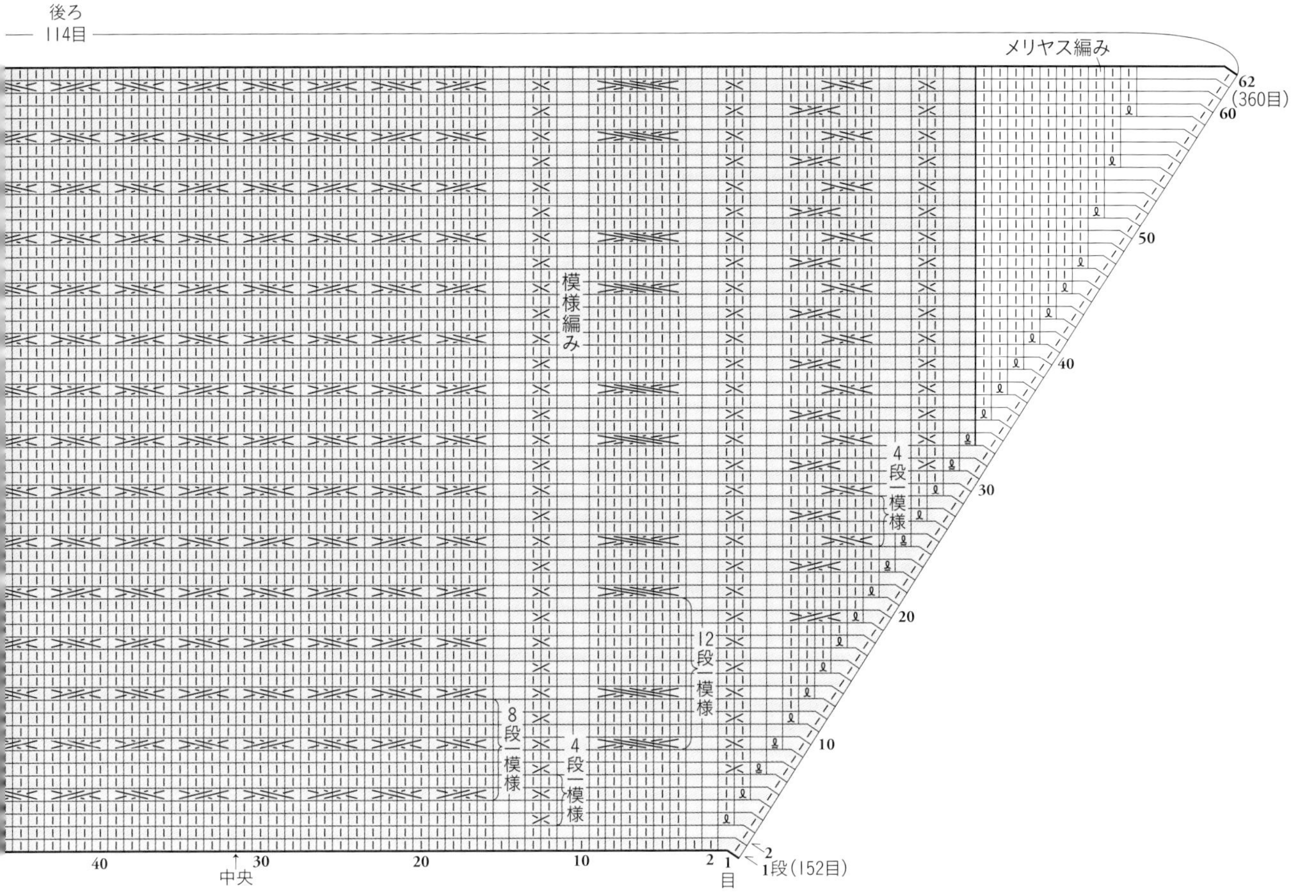

後ろ
114目

メリヤス編み

62 (360目)
60

50

40

模様編み

30

4段一模様

20

12段一模様

10

8段一模様

4段一模様

2目　1目　2
1段(152目)

40　中央30　20　10

□ = 一
ℓ = 左上ねじり目増し目
ℓ = 右上ねじり目増し目

63

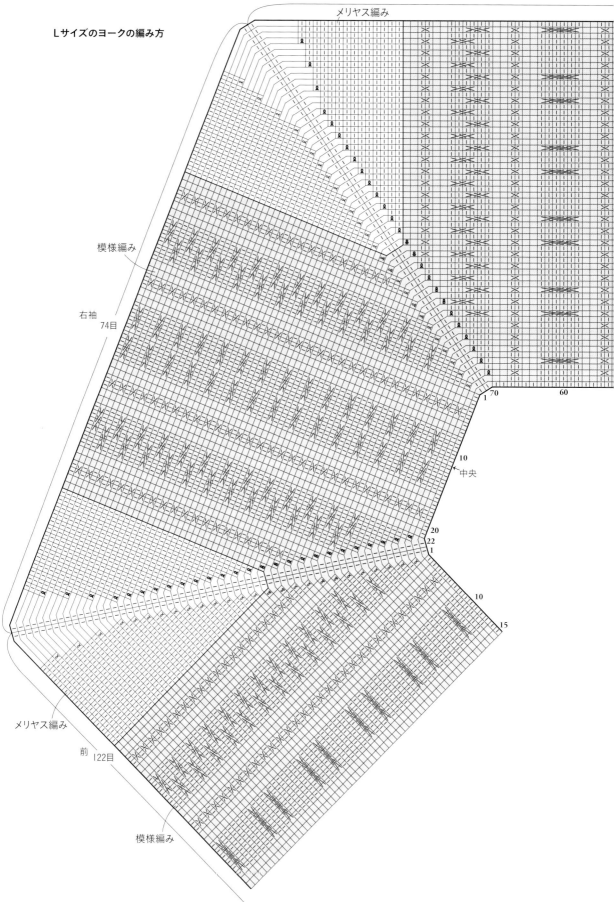

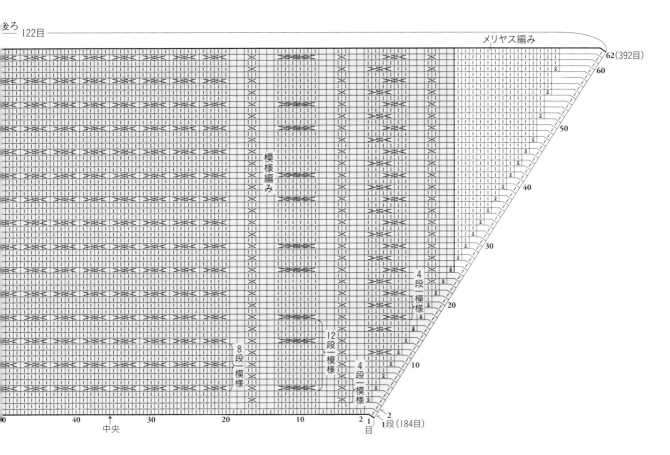

G
半円形のショール
写真／P.16・17

［糸］　　ハマナカ ソノモノロイヤルアルパカ
　　　　　オフホワイト（141）140g
［針］　　6号輪針（100cm）
［ゲージ］模様編み　21目34段が10cm四方
［サイズ］図参照

［編み方］
糸は1本どりで編みます。
巻き目で3目作り目し、ガーター編みを6段編みます。糸を続けて3辺から9目拾い目し、ガーター編み、模様編みで図のように目を増しながら168段編みます。編終りは縁編み（P.38参照）を編みます。

ショールの編み方

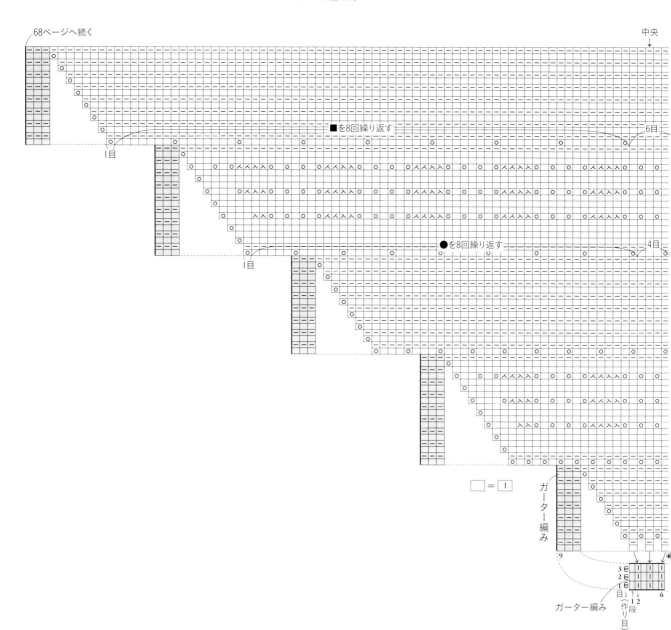

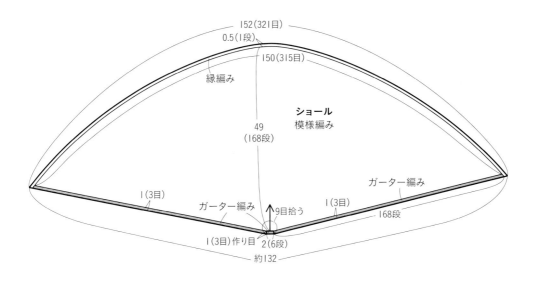

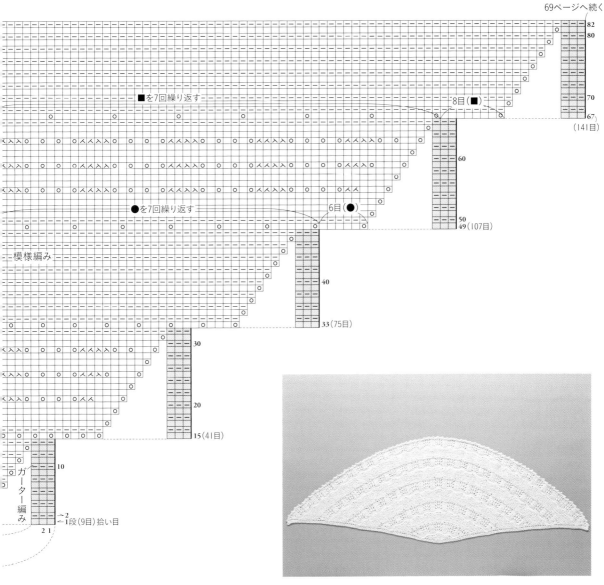

広げたところ。

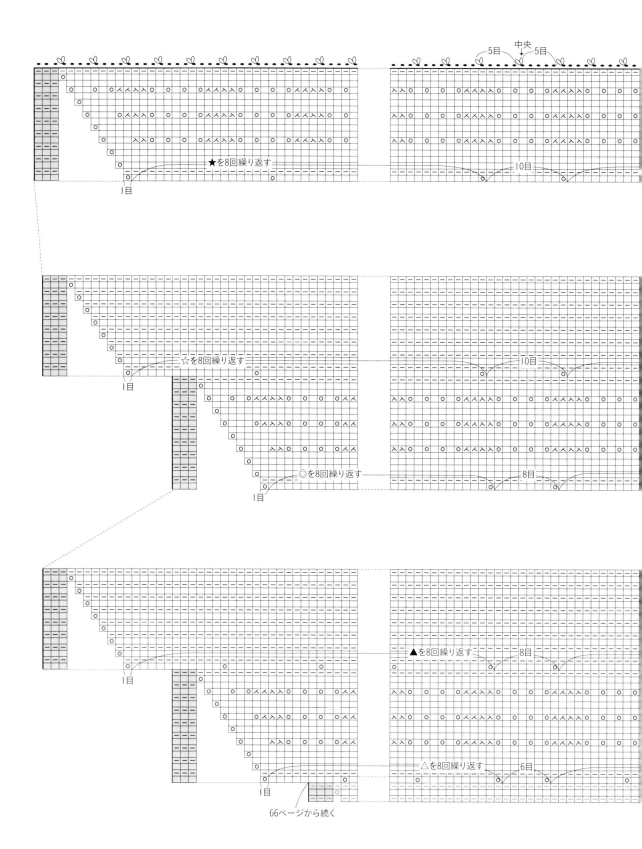

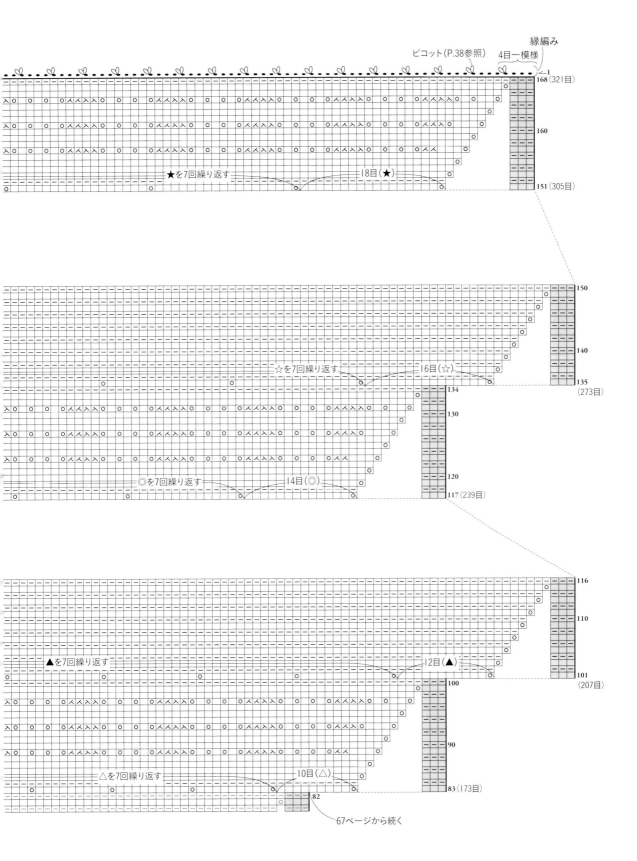

H
ツイードのスカート

写真 P.18・19

[糸] ハマナカ アランツイード
　　　ダークグリーン（18）
　　　M/365g　L/410g
[針] 8号、7号輪針（80cm）
　　　6/0号かぎ針　縄編み針
[その他] 幅2cmのゴムテープ
　　　M/67cm　L/73cm
[ゲージ] メリヤス編み　18目26段が10cm
　　　四方
　　　模様編み　12目が5cm　26段が10cm
[サイズ] M/ ウエスト65cm　スカート丈64cm
　　　　L/ ウエスト71cm　スカート丈67cm

[編み方]
糸は1本どりで編みます。
指に糸をかけて目を作る方法で作り目して輪にし、2目ゴム編み、メリヤス編み、模様編みで図のように目を増減しながら編み、編終わりは前段と同じ記号で伏止めにします。ウエストは輪にしたゴムテープをはさんで裏に二つ折りにしてまつります。

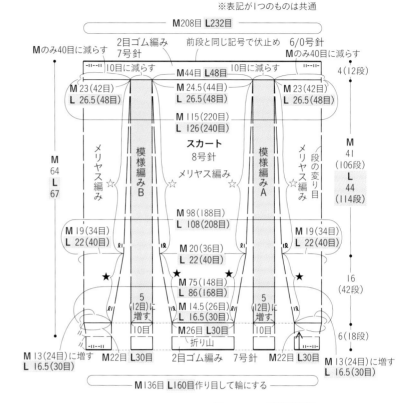

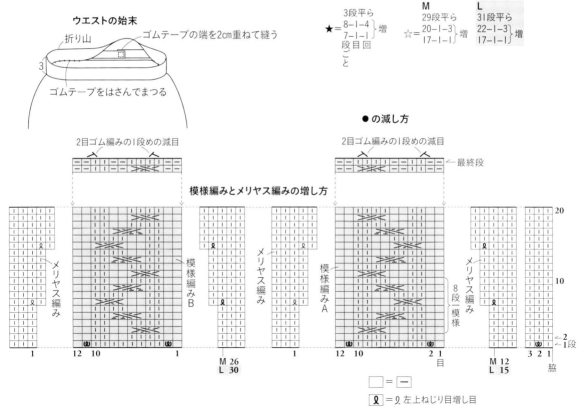

J
カシミヤヤクの帽子
写真 P.21

[糸] リッチモア カシミヤヤク
　　　アイボリー（1）55g
[針] 10号、8号輪針（80cm）
　　　7/0号かぎ針　縄編み針
[ゲージ] 模様編み　20目28段が10cm四方
[サイズ] 頭回り 48cm
　　　（52〜54cmの頭回りに合うサイズ）
　　　深さ 21cm

[編み方]
糸は1本どりで編みます。
トップから別糸を使って目を作る方法で12目を作り目して輪にし、模様編みで目を増しながらサイドまで編みます。続けて2目ゴム編みを増減なく編み、編終りは前段と同じ記号で伏止めにします。作り目の別糸をほどいて拾い目し、1目おきに糸を2回巻きかがって絞ります。

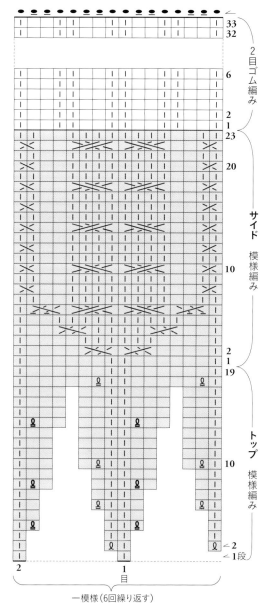

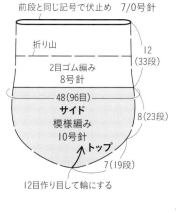

I
すべり目模様の3色の靴下
写真 P.20

[糸] ハマナカ コロポックル
　　　ライトグレー（3）40g
　　　オレンジ（6）、ネイビー（17）各20g
[針] 3号、2号輪針（80cm）
[ゲージ] 模様編み　31目65段が10cm四方
　　　　メリヤス編み　31目が10cm、15段が3.5cm
[サイズ] 図参照（足のサイズは23～24cm）

[編み方]
糸は1本どりで編みます。
左足を編みます。足首は指に糸をかけて目を作る方法で作り目して輪にし、2号針で1目ゴム編みを編みますが、13段めは表目で編みます。3号針に替え、模様編みを78段編んだら、かかと穴に別糸を編み込みます。甲と底も模様編みを増減なく88段編みます。続けて、つま先を目を減らしながらメリヤス編みで編み、残った12目ずつをメリヤスはぎにします。かかとは別糸をほどいて輪に拾い目し、つま先と同じ要領で編み、残った13目ずつをメリヤスはぎにします。右足は対称に編みます。

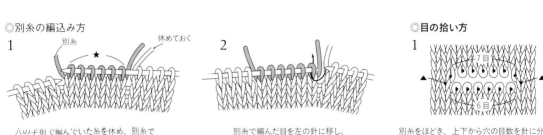

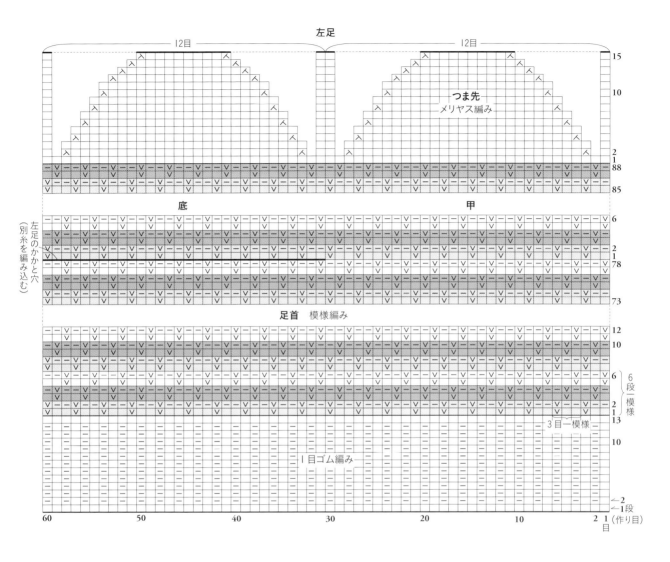

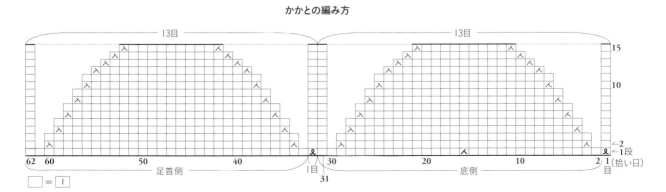

K
カシミヤの幅広セーター

写真／P.22・23

[糸] リッチモア カシミヤ
　　　ブルー（117）
　　　M/320g　L/380g

[針] 4号、3号輪針（80cm）
　　　2/0号かぎ針　縄編み針

[ゲージ] メリヤス編み
　　　24目35段が10cm四方
　　　模様編み
　　　16目が4.5cm、35段が10cm

[サイズ] M/ 身幅 66cm　着丈 59cm
　　　　　　ゆき丈 74cm
　　　　　L/ 身幅 76.5cm　着丈 62cm
　　　　　　ゆき丈 79cm

[編み方]
糸は1本どりで編みます。
身頃は別糸を使って目を作る方法で作り目し、4号針でメリヤス編み、模様編みで図のように編みますが、衿あきは前後身頃を別々に編み、編終りは休み目にします。袖は指定の位置から拾い目（編始め側は作り目の別糸をほどいて拾う）し、メリヤス編み、2目ゴム編みで輪に編み、編終りは前段と同じ記号で伏止めにします。衿ぐりから拾い目して輪にし、ガーター編みを編み、編終りは裏を見ながら表目で伏止めにします。脇をかぶせ引抜きはぎにし、裾は2目ゴム編みを編み、編終りは前段と同じ記号で伏止めにします。

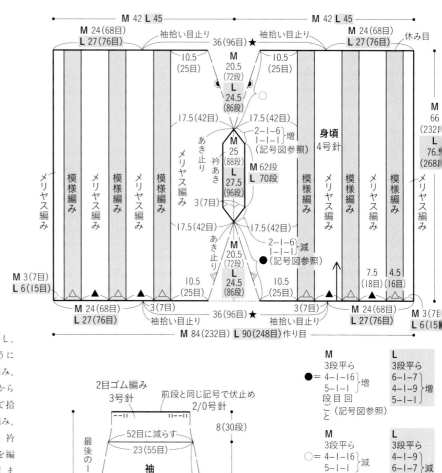

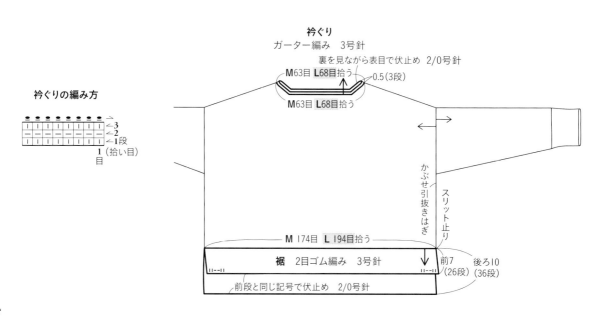

74

肩と衿あきの編み方

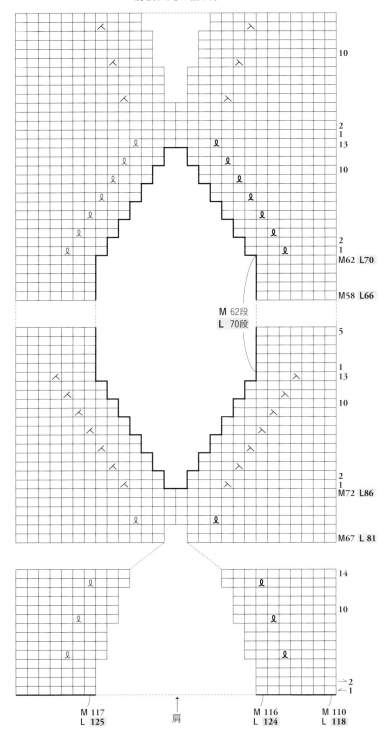

模様編みの記号図

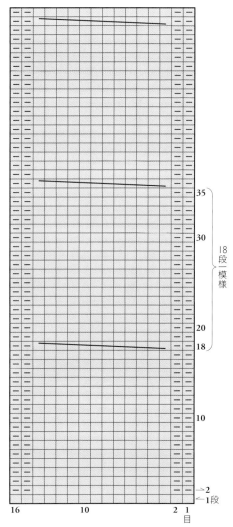

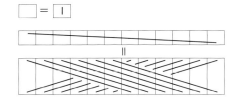

L
ジグザグ模様のジャケット
写真／P.24・25

[糸] ハマナカ ソノモノアルパカリリー
　　 ライトグレー（114）540g
[針] 10号、9号輪針（80cm）
　　 9号短4本棒針（アイコード編み用）
　　 8/0号、6/0号かぎ針
[ゲージ] 模様編みB　21.5目 27段が10cm四方
　　 裏メリヤス編み　21目 27段が10cm四方
[サイズ] 後ろ幅82cm　着丈61.5cm　ゆき丈65cm

[編み方]
糸は1本どりで編みます。
身頃は別糸を使って目を作る方法で267目作り目し、10号針で模様編みA・Bで増減なく往復に112段編んで休み目にし、糸は切らずに休めます。同じものをもう1枚編み、編終りの112目どうしを休めた糸でかぶせ引抜きはぎにします。前端は、もう1枚の身頃の休めた糸で9号針で3目作り目し、アイコードを編みながら休み目と右上2目一度でつなぎ、編終りは伏止めにします。作り目の別糸をほどいて拾い目して脇のとじ分と袖の拾い目分に分け、脇をかぶせ引抜きはぎにします。袖は裏メリヤス編み、ガーター編みで輪に編み、編終りは裏を見ながら表目で伏止めにします。

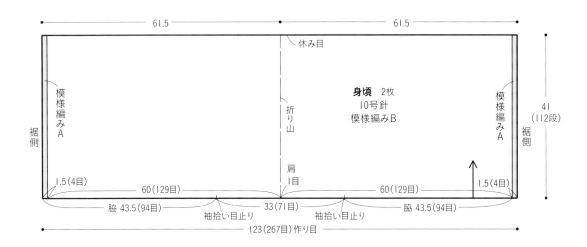

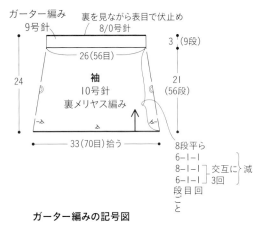

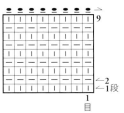

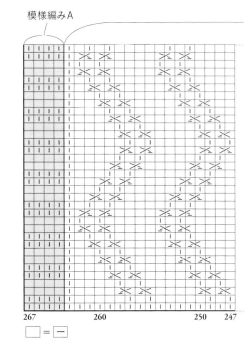

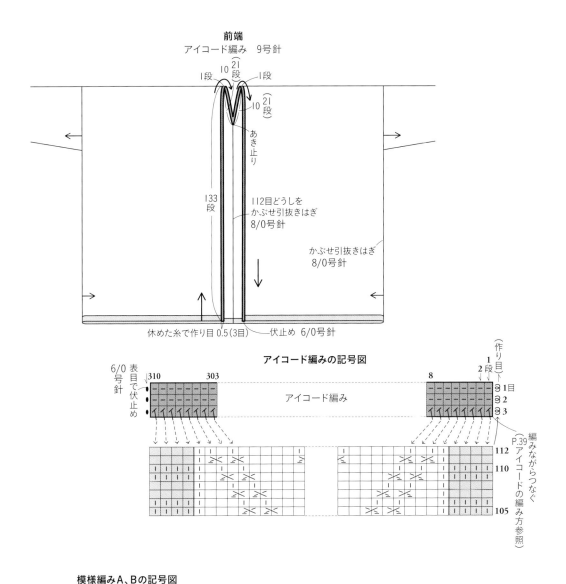

アイコード編みの記号図

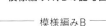

模様編みA、Bの記号図

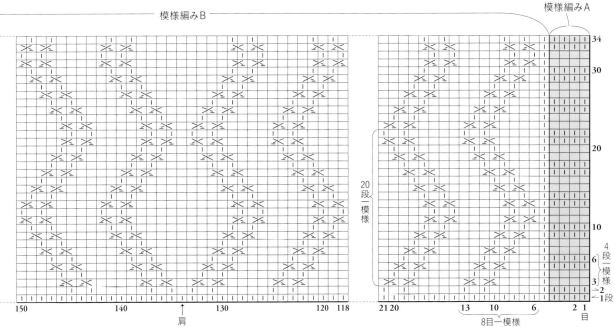

M

モヘアのカーディガン

写真 P.26・27

［糸］ リッチモア エクセレントモヘア
　　　〈カウント10〉 ライトグレー（4）210g
［針］ 11号、9号輪針（80cm）
　　　10号短4本棒針（アイコード編み用）
　　　8/0号、10/0号かぎ針
［ゲージ］ ガーター編み（11号針）
　　　15目 22.5段が10cm四方
［サイズ］ 着丈66cm　ゆき丈67cm

［編み方］

糸は3本どりで編みます。
身頃は別糸を使って目を作る方法で81目作り目し、11号針でガーター編みを増減なく248段編み、両側の25目ずつをかぶせ引抜きはぎにします。袖を9号針で輪に編みます。作り目の別糸をほどいて拾い目し、合い印をかぶせ引抜きはぎにし、袖を輪に編みます。裾側にアイコード編みを編み、休み目にします。
糸を続けて目を拾い、身頃回りに10号針で縁編みと模様編みを編み、縁編みから続けてアイコード編みを編み、編終わりは縁編みとメリヤスはぎにします。

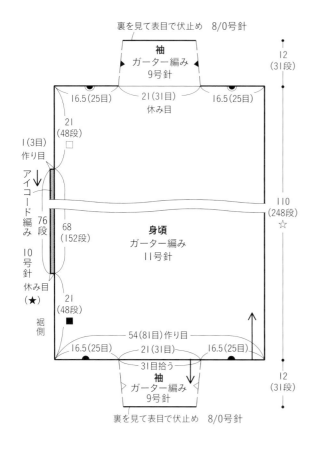

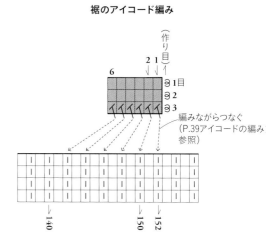

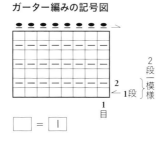

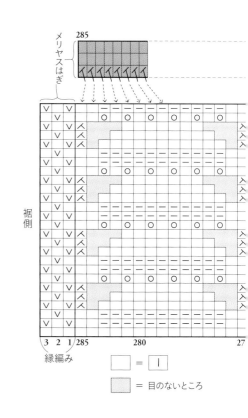

身頃回り

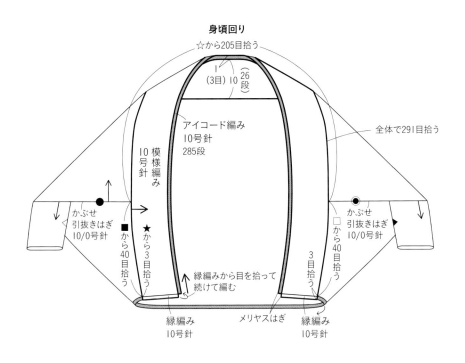

身頃回りの編み方

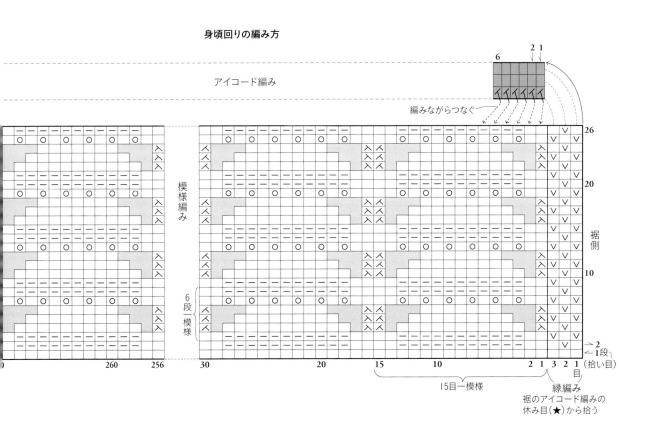

N

カシミヤのイレギュラーヘムのショール

写真　P.28・29

- [糸]　リッチモア カシミヤ
  赤（110）85g　ライトグレー（106）30g
- [針]　4号輪針（80cm）
  3/0号かぎ針
- [ゲージ]　ガーター編み　24目38段が10cm四方
- [サイズ]　図参照

[編み方]

糸は1本どりで編みます。

指に糸をかけて目を作る方法で6目作り目し、ガーター編み、ガーター編みの縞模様で両端で減し目、増し目、伏せ目をしながら編み、編終りは裏を見ながら表目で伏止めにします。

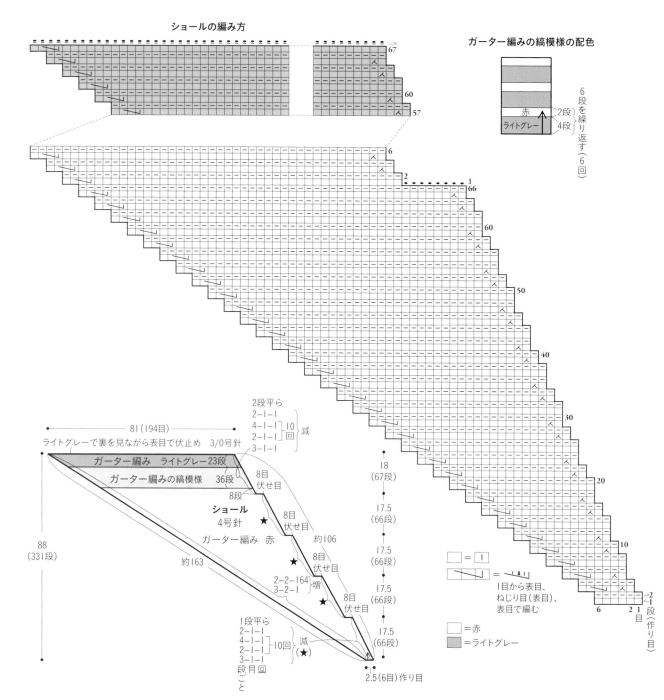

O

アラン模様の丸ヨークセーター

写真 P.30・31

[糸] ハマナカ ソノモノアルパカウール《並太》
　　 オフホワイト（61）M/415g L/500g
[針] 6号、4号輪針（80cm）
　　 3/0号かぎ針　縄編み針
[ゲージ] 模様編み　26目29段が10cm四方
　　　　 メリヤス編み　22目28段が10cm四方
[サイズ] M/胸囲96cm　着丈57.5cm
　　　　　ゆき丈（衿ぐりを除く）66cm
　　　　 L/胸囲105cm　着丈60.5cm
　　　　　ゆき丈（衿ぐりを除く）68cm

[編み方]

糸は1本どりで編みます。

ヨークは別糸を使って目を作る方法で作り目し、6号針で図のように引返し編みをしながら模様編みで往復に編みます。編始めの作り目をほどいて拾い目し、編終りの目と模様が続くようにはいで輪にします。後ろは6号針でヨークの指定の位置から拾い目し、10段を往復に編み、巻き目の作り目、ヨークからの拾い目で輪にし、前後続けてメリヤス編み（脇の1目は裏目）を編み、4号針に替えて2目ゴム編みを編み、編終りは前段と同じ記号で伏止めにします。

袖は前後の指定の位置とヨークから拾い目して輪にし、6号針でメリヤス編みを編み、4号針に替えて2目ゴム編みを編みます。衿ぐりから減目をしながら拾い目して輪にし、2目ゴム編みを編みます。編終りは前段と同じ記号で伏止めにします。

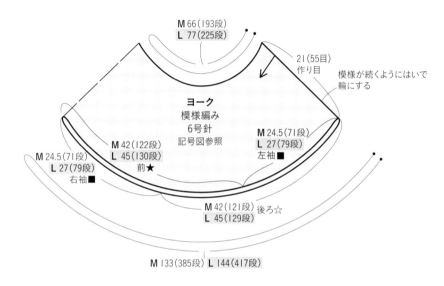

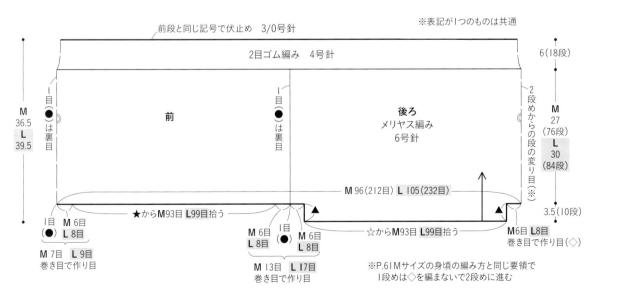

Mサイズのヨークの編み方

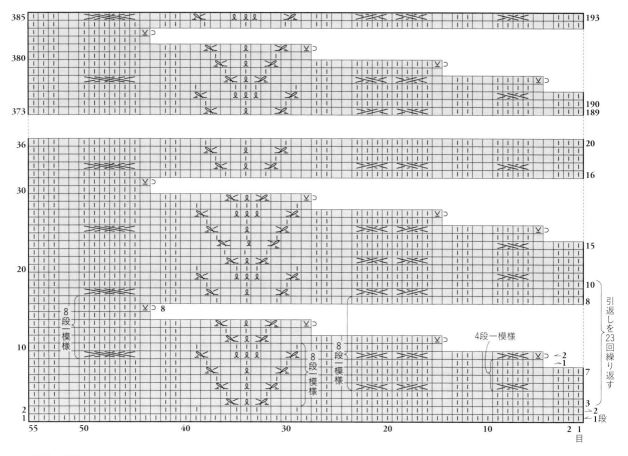

□ = −
⊂・⊃ = かけ目

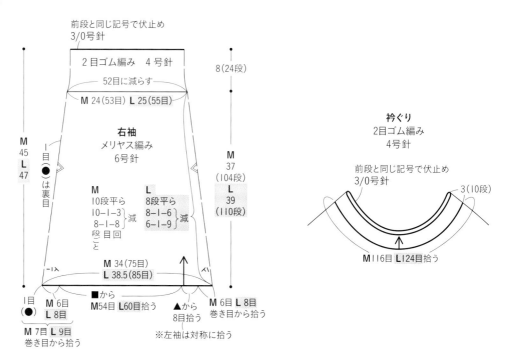

Lサイズのヨークの編み方

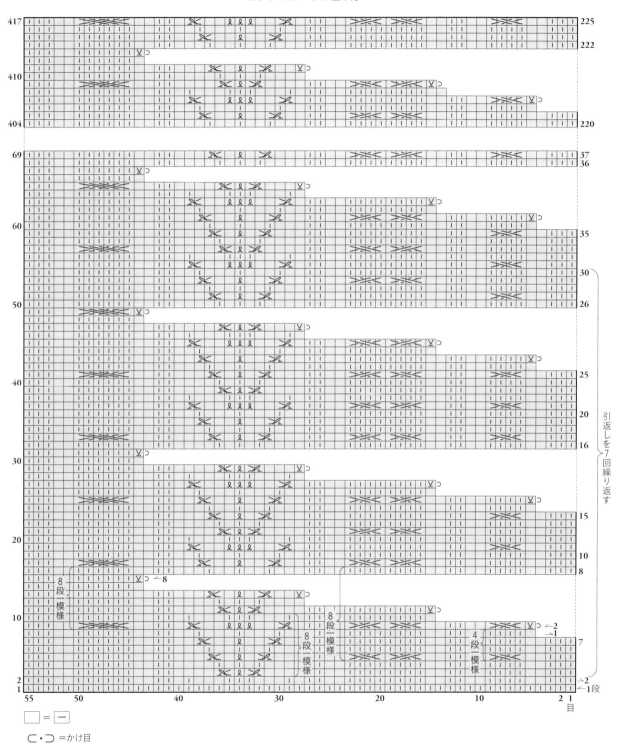

□ = −
⌒・⌓ =かけ目

P

ガーター編みのボレロ

写真 P.32・33

[糸] ハマナカ アメリー
　　　イエローオーカー（41）M/360g　L/440g
[針] 5号輪針（80cm）
　　　5号短4本棒針（アイコード編み用）
[ゲージ] ガーター編み　19目38段が10cm四方
[サイズ] M/後ろ幅45cm　着丈50.5cm
　　　　　　　ゆき丈60cm
　　　　　L/後ろ幅50cm　着丈55.5cm
　　　　　　　ゆき丈66.5cm

[編み方]

糸は1本どりで編みます。

身頃と袖は①から番号順に編みます。

袖下は別糸を使って目を作る方法で作り目し、ガーター編みでM12段、L14段を編み、休み目にします。同じものを2枚編みます（①）。左前は同様に作り目し、ガーター編みで図のようにラップアンドターンA、Bをしながら脇まで編み、目を休めます（②）。左袖は袖下と左前から拾い目し、ガーター編みでラップアンドターンC、Dで袖下まで編み、糸端100cmを残して切ります（③）。後ろは左脇、左袖から拾い目して同じ要領で編みます（④）。右袖（⑤）、右前（⑥）も同じ要領で編み、編終りは休み目にします。糸を続けて3目作り目し、前端（左前端は作り目をほどいて拾い目）、衿ぐりにアイコードを編み、編終りは伏止めにします。袖下の作り目をほどいて拾い目し、編終りの休み目と、残した糸でかぶせ引抜きはぎにし、合い印どうしをすくいとじにします。

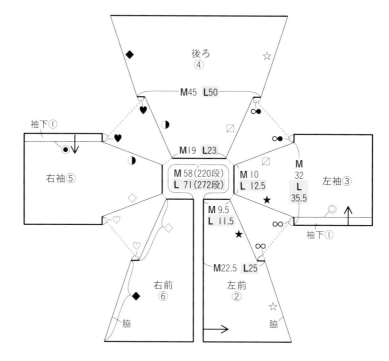

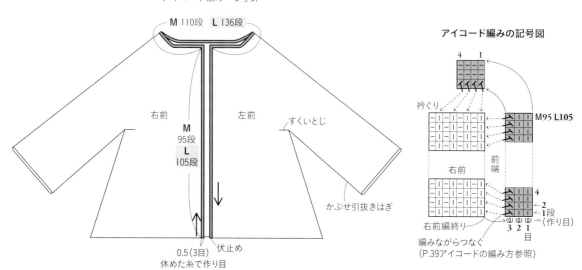

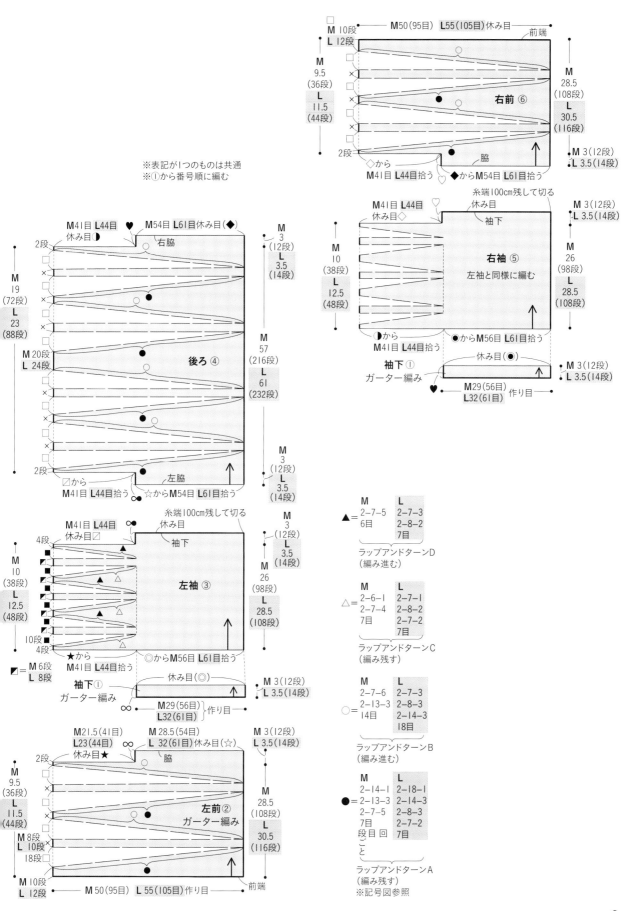

Mサイズの身頃のラップアンドターンA、Bの編み方　　※Lサイズは同じ要領で編む

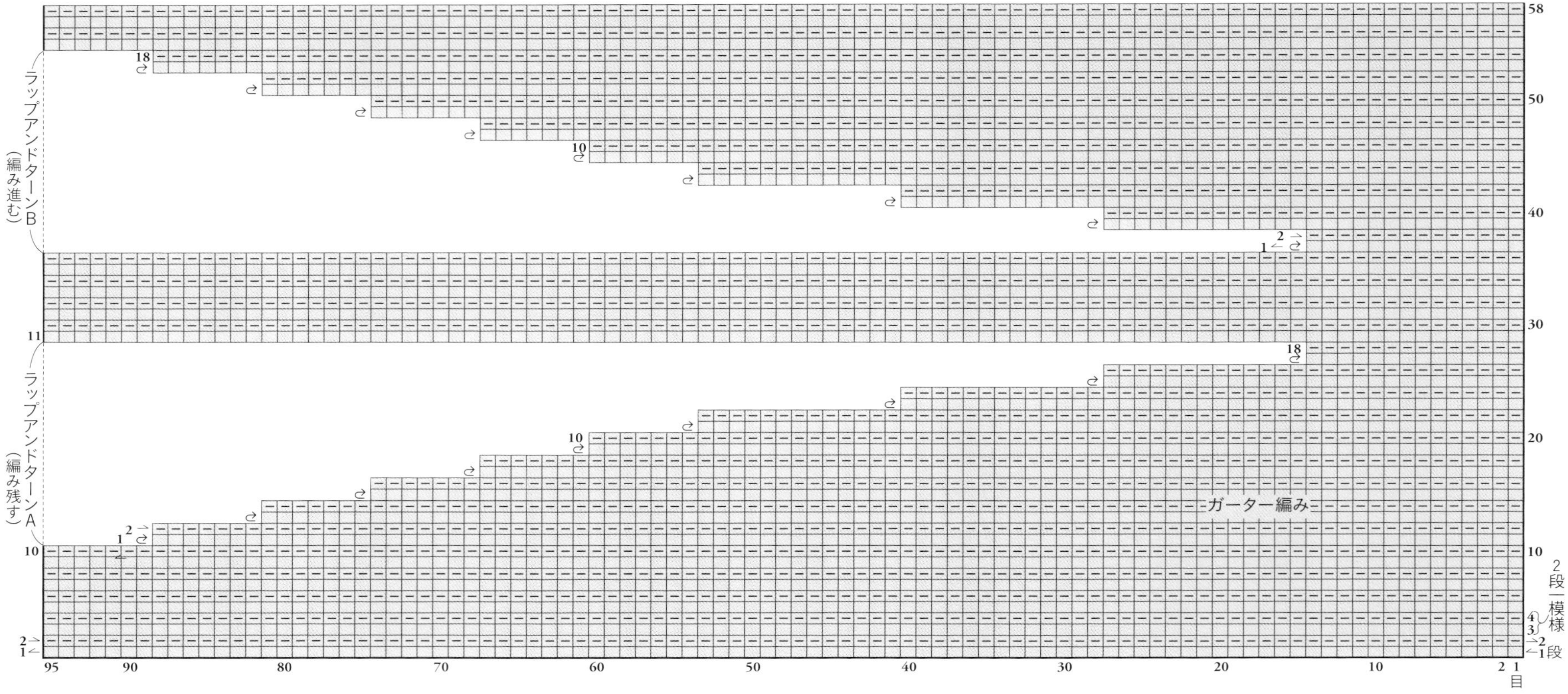

ガーター編み

ラップアンドターンB（編み進む）

ラップアンドターンA（編み残す）

2段模様
4段
3段
2段
1段

□ = |
⊂ = ラップアンドターン(P.39参照)

Mサイズの袖のラップアンドターンC、Dの編み方

※Lサイズは同じ要領で編む

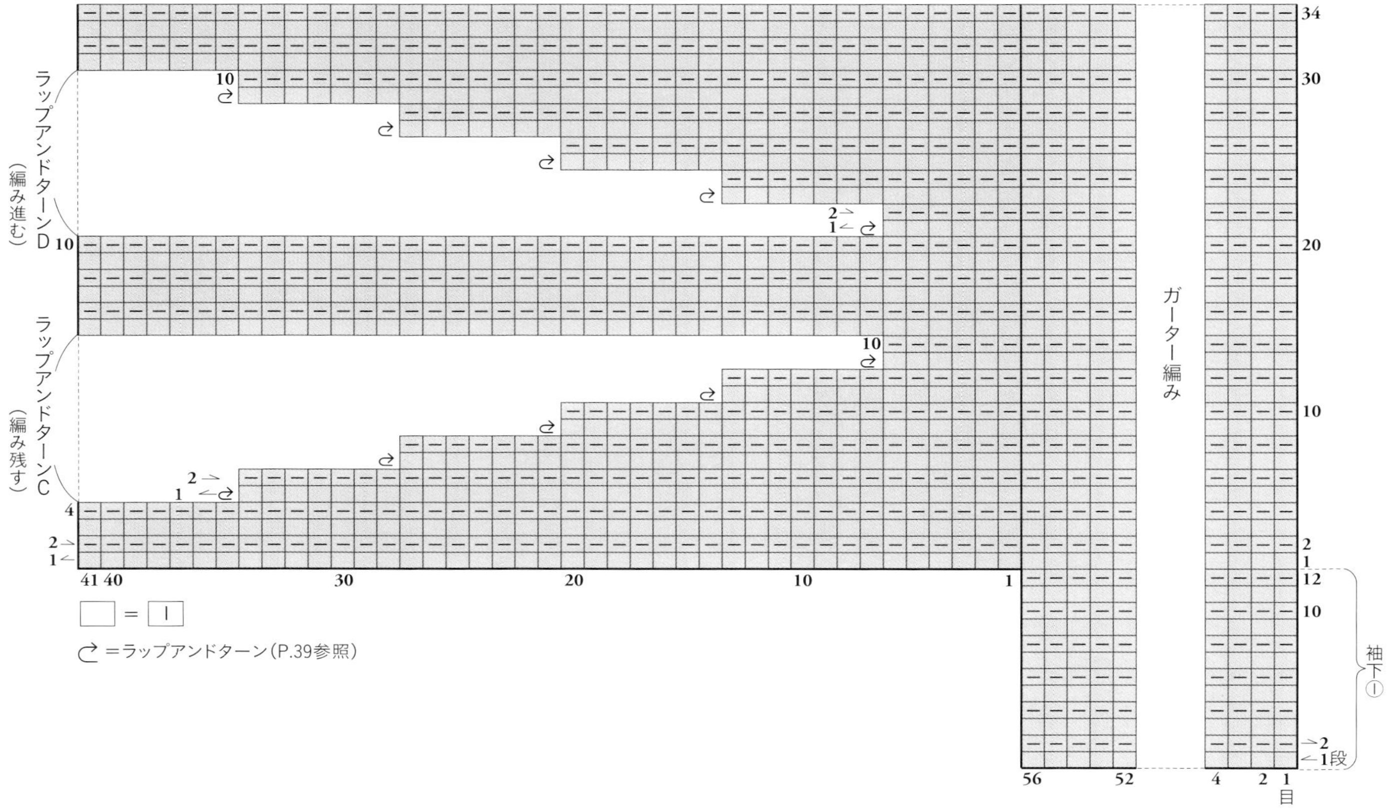

ガーター編み

袖下
①

→2
→1段

目
34 30 20 10 2 1 12 10 2 1

2
4
52
56

10 20 30

→10
⇄

→2
→1
⇄

→10
⇄

ラップアンドターンD
（編み進む）10

ラップアンドターンC
（編み残す）

→2
→1
⇄

41 40 4

⇄ ＝ラップアンドターン（P.39参照）

□ ＝ ｜

87

Q
変りゴム編みのハンドウォーマー
写真／P.34

[糸] リッチモア スペクトルモデム
グレーベージュ（2）30g 赤（40）25g
[針] 7号輪針（80cm）
6/0号かぎ針
[ゲージ] 模様編み 16目42段が10cm四方
[サイズ] てのひら回り18cm 長さ19cm

[編み方]
糸は1本どりで編みます。
左手を編みます。グレーベージュで、指に糸をかけて目を作る方法で31目を作り目し、模様編みで増減なく76段編み、編終りは目を休めます。編始めと編終りを突合せにし、親指穴以外をグレーベージュでメリヤスはぎにします。親指はグレーベージュで13目を輪に拾い目し、メリヤス編みで8段編み、伏止めにします。右手は親指穴を対称に作ります。

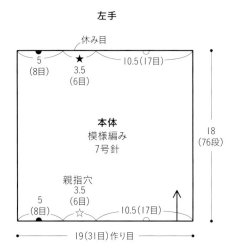

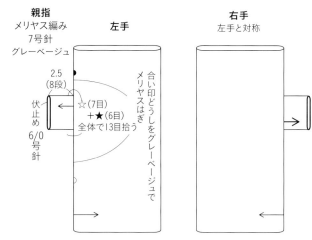

模様編みの記号図

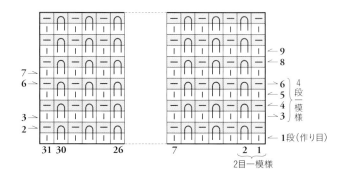

R
すべり目交差模様のスヌード
写真 P.35

[糸] リッチモア スペクトルモデム
　　　チャコールグレー（55）160g
　　　グレーベージュ（2）120g
[針] 9号輪針（80cm）　縄編み針
[ゲージ] 模様編み　24目33段が10cm四方
[サイズ] 幅28cm　周囲121cm

[編み方]
糸は1本どりで編みます。
指に糸をかけて目を作る方法で68目作り目し、模様編みで増減なく編み、編終りは休み目にして、編始め側と模様がつながるように交差してメリヤスはぎで輪にします。

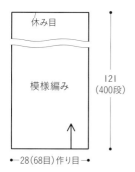

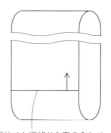

編始めと編終りを突き合わせ、
チャコールグレーで模様が続く
ように交差しながらメリヤスはぎ

模様編みの記号図

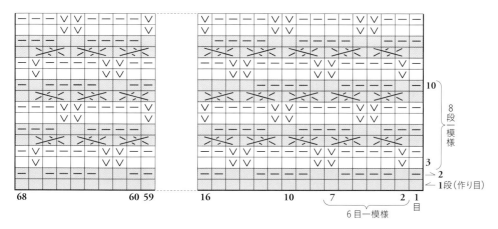

89

[基礎テクニック]

作り目

◎指に糸をかけて目を作る方法
作り目は指定の針の号数より1〜2号下げるか、針1本にして、1〜2号太い針を使うときれいです

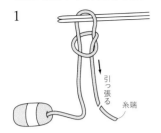

1 糸端から編む寸法の約3倍の長さのところで輪を作り、棒針をそろえて輪の中に通します

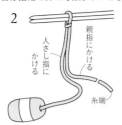

2 輪を引き締めます

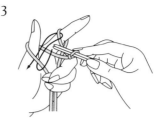

3 短いほうを左手の親指に、糸玉のほうを人さし指にかけ、右手は輪のところを押さえながら棒針を持ちます。親指にかかっている糸を図のようにすくいます

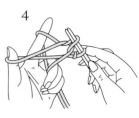

4 すくい終わったところ

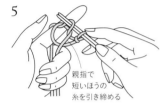

5 親指にかかっている糸をはずし、その下側をかけ直しながら結び目を締めます

6 親指と人さし指を最初の形にします。3〜6を繰り返します

7 必要目数を作ります。これを表目1段と数えます

8 2本の棒から1本を抜き、糸のある側から2段目を編みます

◎別糸を使って目を作る方法

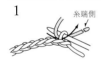

1 編み糸に近い太さの木綿糸で、鎖編みをし、鎖の編終りの裏側の山に針を入れて編み糸を引き出します

2 必要数の目を拾います

3 拾ったところ。これを表目1段と数えます

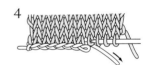

4 目を拾うときは、別鎖の目をほどきながら目を針に拾います。最後の端の目は半目を拾います

編み目記号

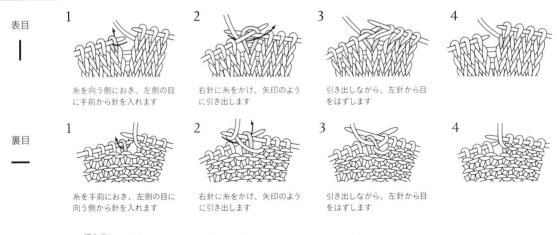

表目 —

1 糸を向う側におき、左側の目に手前から針を入れます
2 右針に糸をかけ、矢印のように引き出します
3 引き出しながら、右針から目をはずします
4

裏目 —

1 糸を手前におき、左側の目に向う側から針を入れます
2 右針に糸をかけ、矢印のように引き出します
3 引き出しながら、左針から目をはずします
4

右上2目一度 入

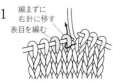

1 右針を手前から入れ、編まずに移し、次の目を表目で編みます

2 編んだ目に移した目をかぶせます

3 右側の目が上に重なります

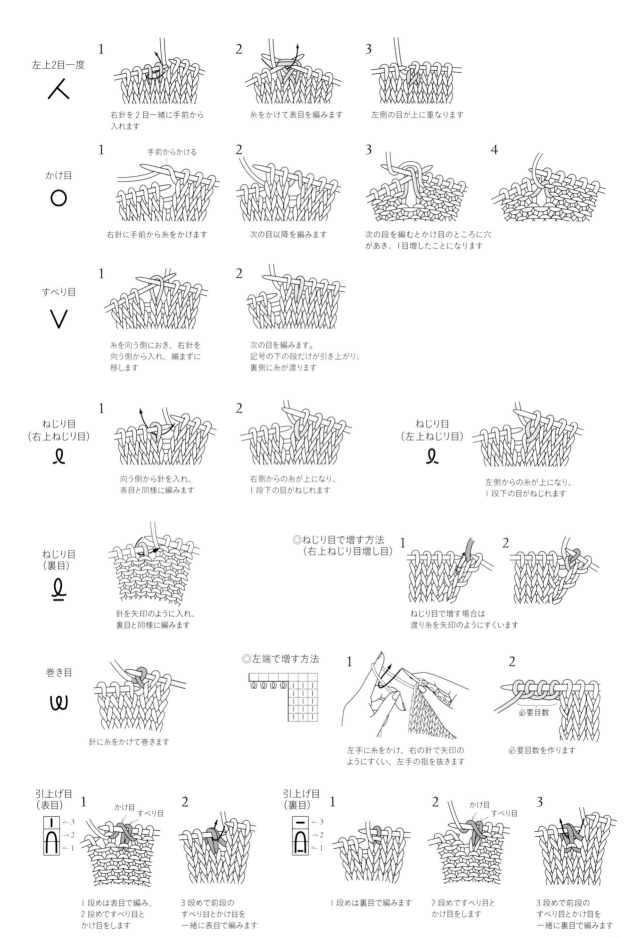

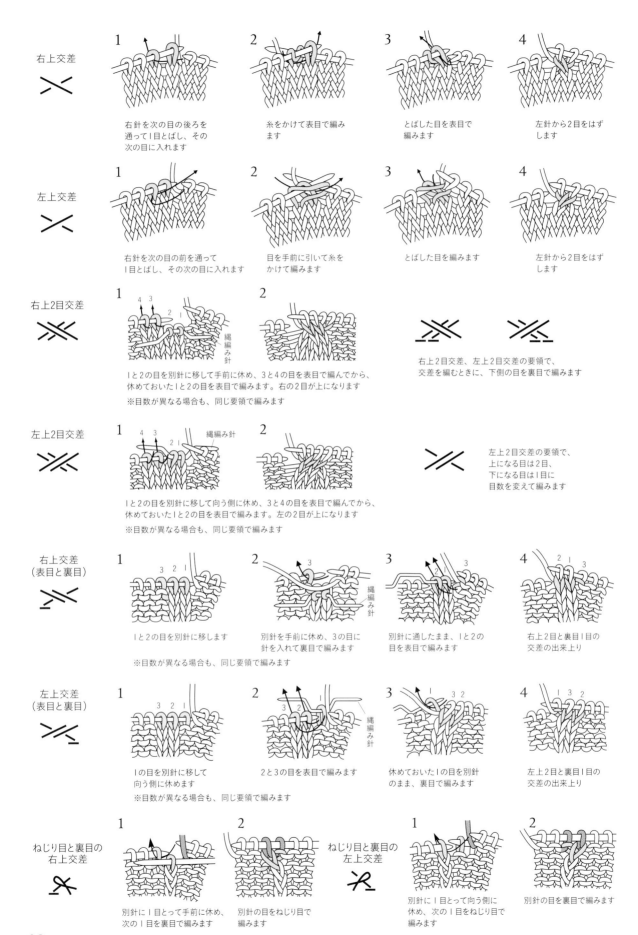

引返し編み　◎2段ごとに編み残す引返し編み

引返し編みは編終り側で操作を始めるので、左右で1段ずれます。
編始め側は引返し編みに入る1段手前から編み残すようにすると、製図上の段差が少なくて済みます

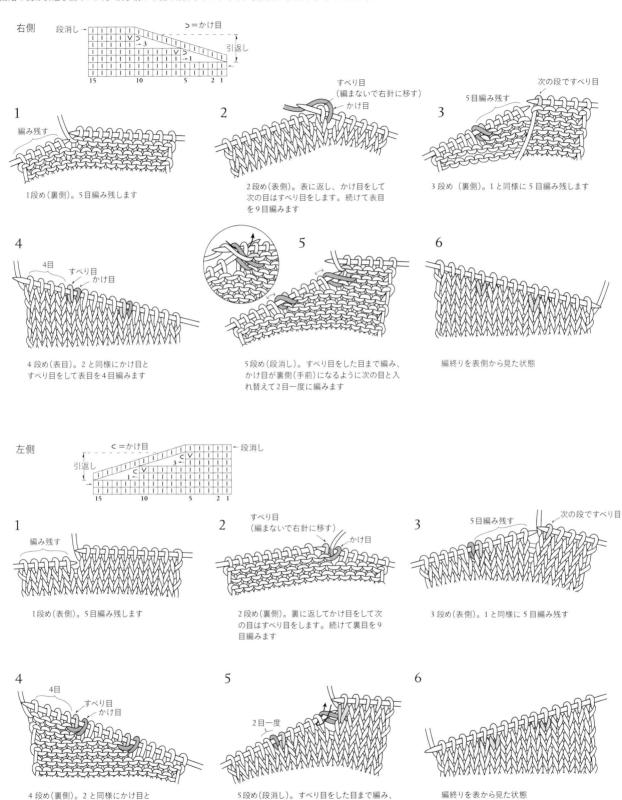

引返し編み ◎2段ごとに編み進む引返し編み

引返し編みは編終り側で操作を始めるので、左右で1段ずれます

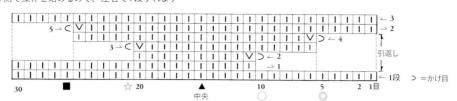

1
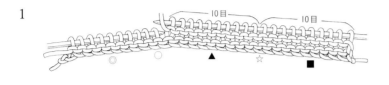

引返し編みの1段め(裏側)。端から○印の手前(20目め)まで編み進みます

2
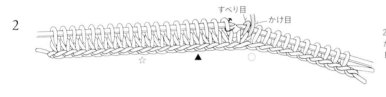

2段め(表側)。表側に返して、かけ目をし、最初の目をすべり目をして続けて編みます

3
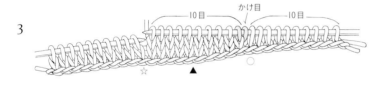

☆印の手前まで編みます

4
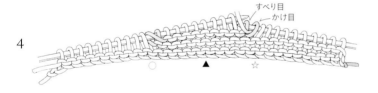

3段め(裏側)。裏側に返して、かけ目をし、糸を手前側にして最初の目をすべり目をします

5
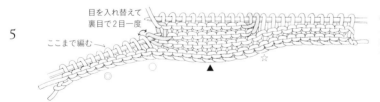

○印の手前まで裏目を編みます。次の目は前段のかけ目と入れ替えて2目一度をします。◎印の手前の目まで編みます

6

7

4段め(表側)。表側に返して、2、3と同じ要領で、☆印の手前まで表目を編み、次の目はかけ目と2目一度をします。■印の手前の目まで編みます

8
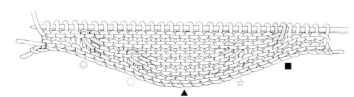

5段め
4、5と同じ要領で◎印の位置でかけ目と2目一度をして端まで編みます。
次の段は7と同じ要領で、■印の位置で2目一度をして端まで編みます

編込み模様の編み方

◎裏に糸を渡す方法

1 表側

端の目を編むとき、地糸に配色糸をはさみ込みます。配色糸に替えるとき、地糸を下にして休め、配色糸で編みます

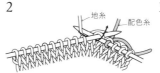

2

配色糸を上にして休め、地糸で編みます

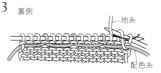

3 裏側

編み地の端まで配色糸を渡し、地糸にはさみ込みます

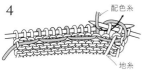

4

地糸を下にして休め、配色糸で編みます

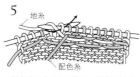

5

配色糸を上にして休め、地糸で編みます

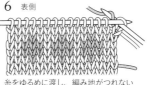

6 表側

糸をゆるめに渡し、編み地がつれないように注意します

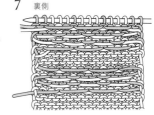

7 裏側

目の止め方

◎棒針を使う方法

● 伏止め（表目）

1

端の2目を表目で編み、1目めを2目めにかぶせます

2

表目を編み、かぶせることを繰り返します

3

最後の目は、引き抜いて糸を締めます

● 伏止め（裏目）

1

端の2目を裏目で編み、1目めを2目めにかぶせます

2

裏目を編み、かぶせることを繰り返します

3

最後の目は、引き抜いて糸を締めます

◎かぎ針を使う方法　棒針編みの最後をかぎ針に替えて伏止めをする方法です。目が拾いやすく、つれずにきれいに伏せることができます。かぎ針の号数は棒針の号数より1号細い針を用意しましょう

● 伏止め（表目）

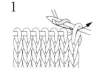

1

端の目にかぎ針を手前から入れて、糸をかけて引き抜きます

2

2目めにかぎ針を入れ、糸をかけて2目を一度に引き抜きます

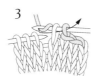

3

2を繰り返し、最後の目は、引き抜いて糸を締めます

● 伏止め（裏目）

1

端の目にかぎ針を向う側から入れて、糸をかけて引き抜きます

2

糸を手前において次の目も同じ要領でかぎ針を入れ、糸をかけて2目一度に引き抜きます

3

2を繰り返します。最後の目は引き抜いて糸を締めます

はぎ方・とじ方

かぶせ引抜きはぎ

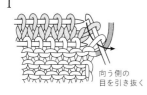

1

編み地を中表にして持ち、手前側の目からかぎ針を入れて2目をとり、向う側の目を引き抜きます

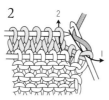

2

糸をかけて引き抜きます

3

2目めも1のように向う側の目を引き出します

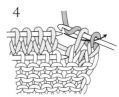

4

糸をかけ、3で引き出した目とかぎ針にかかっている目を一緒に引き抜きます

5

3、4を繰り返します

メリヤスはぎ

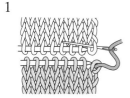

1

手前側の端の目に裏側から糸を出し、向う側の端の目に針を入れます

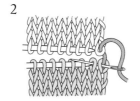

2

手前側の端の目に戻り、表側から針を入れ、2目めの表側に針を出します

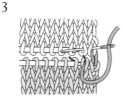

3

向う側の端の目の表側から針を入れ、2目めの表側に針を出します

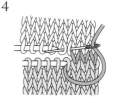

4

2、3を繰り返します

95

ブックデザイン	中島美佳
撮影	清水奈緒
	中辻 渉（プロセス、P.67）
スタイリング	鍵山奈美
ヘアメイク	下永田亮樹
モデル	木村舞輝　高橋佳子
トレース	大楽里美（day studio）
校閲	向井雅子
編集	佐藤周子（リトルバード）
	三角紗綾子（文化出版局）

この本の作品はハマナカ手芸手あみ糸、
リッチモア手あみ糸を使用しています。
糸についてのお問い合せは下記へお願いします。

［素材提供］
ハマナカ株式会社
〒 616-8585　京都市右京区花園藪ノ下町 2 番地の 3
TEL 075-463-5151（代表）
hamanaka.co.jp
richmore.jp
info@hamanaka.co.jp

※材料の表記は 2019 年 9 月現在のものです。

衣装協力
エイチ・プロダクト・デイリーウエア
TEL 03-6427-8867
p.8 パンツ、p.12・13・18・19・21 シャツ、
p.16・17 ワンピース、p.24・25 サロペット／ハンズ・オブ・クリエイション

エムティー・ルーツ
TEL 092-533-3226
p.4・5・7 ワンピース、p.8・9・30・31 シャツ、p.14・15 T シャツ、p.14・15・30 スカート、
p.22 パンツ、p.24・25 ブラウス、p.26・27 デニム、p.28・29 オーバーオール
p.32・33 ロングシャツ／ヴェリテクール

撮影協力
AWABEES
TITLES
UTUWA

上から編むニット、横から編むニット

2019 年 9 月 16 日　第 1 刷発行

著者	風工房
発行者	濱田勝宏
発行所	学校法人文化学園 文化出版局
	〒 151-8524　東京都渋谷区代々木 3-22-1
	tel.03-3299-2487（編集）
	tel.03-3299-2540（営業）
印刷・製本所	株式会社文化カラー印刷

© Kazekobo 2019　Printed in Japan
本書の写真、カット及び内容の無断転載を禁じます。

● 本書のコピー、スキャン、デジタル化等の無断複製は著作権法上での例外を除き、
禁じられています。
本書を代行業者等の第三者に依頼してスキャンやデジタル化することは、
たとえ個人や家庭内での利用でも著作権法違反になります。
● 本書で紹介した作品の全部または一部を商品化、複製頒布、
及びコンクールなどの応募作品として出品することは禁じられています。
● 撮影状況や印刷により、作品の色は実物と多少異なる場合があります。
ご了承ください。

文化出版局のホームページ　http://books.bunka.ac.jp/

この本についてのお問合せは下記へお願いします。
リトルバード　☎ 03-5309-2260
受付時間　13:00 〜 17:00（土日・祝日はお休みです）